WO EINS ZUM ANDEREN PASST

WO EINS ZUM ANDEREN PASST

Gartenpflanzen gekonnt kombinieren

Jill Billington

Fotos von
Clive Nichols

Gerstenberg Verlag

Für Sharon und Alan Beuthin
in Dankbarkeit und Freundschaft

Die Autorin dankt Caroline Davison für ihre unermüdliche Unterstützung, Geoff Fennell für die stilvolle Gestaltung, Clive Nichols und seiner Frau Jane für ihren ständigen Einsatz während der Entstehung des Buches und Julia Brett für ihre Ausdauer und gute Laune bei der Textgestaltung.

Aus dem Englischen übersetzt von Margot Wilhelmi

Die Deutsche Bibliothek – CIP-Einheitsaufnahme

Wo eins zum anderen paßt : Gartenpflanzen gekonnt kombinieren / Jill Billington. Fotos von Clive Nichols. [Aus dem Engl. übers. von Margot Wilhelmi]. – Hildesheim : Gerstenberg, 1999
Einheitssacht.: Planting companions <dt.>
ISBN 3-8067-2832-1

Die Originalausgabe erschien 1997 unter dem Titel *Planting Companions* bei Ryland Peters & Small Ltd, Cavendish House, 51–55 Mortimer Street, London W1N 7TD.

Satz: Gerstenberg Druck, Hildesheim
Printed in China
ISBN 3-8067-2832-1

Schutzumschlagvorderseite De Heurne, Niederlande; Gestaltung: Leo Nederhof
Schutzumschlagrückseite Hadspen House Garden and Nursery, Somerset; Gestaltung: Sandra und Nori Pope

INHALT

GARTENTYPEN

Von jeher verwenden die Menschen viel Zeit und Mühe darauf, ihre Umgebung schön zu gestalten. Der eigene Garten bietet hierbei vielfältige Möglichkeiten. Die Freude daran beginnt mit der Auswahl von Pflanzen, die man persönlich besonders mag. Auf einem kleinen Grundstück lassen sich jedoch nur selten alle Lieblingspflanzen unterbringen.

Trotzdem kann jeder Garten schön sein, ohne daß man allzu viele Kompromisse eingehen muß. Wer von Anfang an planvoll vorgeht, vermeidet unliebsame Überraschungen. Hierbei will dieses Buch Hilfestellung leisten. Im ersten Teil werden Gestaltungsprinzipien behandelt, im zweiten geht es um den gärtnerischen Einfluß auf Pflanzengesellschaften sowie um deren Veränderung im Lauf der Zeit.

Oben
Im Abendlicht kommt der aus Polstern von Vergißmeinnicht *(Myosotis)* ragende Fingerhut *(Digitalis)* eindrucksvoll zur Geltung.

Rechts
Gelbe Lupinen und Rispen von cremefarbenem *Sisyrinchium striatum*, umrahmt von grünem Fenchel und *Alchemilla mollis*.

DEN PASSENDEN STIL FINDEN

Schlendert man durch eine Kunstgalerie, so erkennt man an den Bildern die unterschiedlichen Weltanschauungen und Stile der Künstler. Bei Gärten ist es nicht anders. Einer liebt geometrische Strenge, der andere ungekünstelte Natur. Ein Garten ist Ausdruck der Persönlichkeit. Welcher Stil aber ist meiner: der architektonische, der romantische, der naturnahe, der moderne? Und wie lasse ich meinen Traumgarten Wirklichkeit werden?

Architektonische Gärten Diesen Gartentypus findet man in allen Kulturen. Charakteristisch sind einfache, meist rechteckige oder runde Bereiche und Formen. Geometrische Prinzipien bestimmen den Grundplan. Zum Garten gehören oft Ruheplätze, Lauben, Bögen oder Pergolen sowie Skulpturen, Kübelpflanzen und ein Teich oder ein Springbrunnen. Auf die ersten symmetrischen Gärten im alten Ägypten und die römischen Atriumgärten folgten formale Gartenanlagen in Italien, Frankreich und England. Auch einige Gartengestalter des 20. Jahrhunderts wie Edwin Lutyens, Beatrix Farrand und Russell Page orientieren sich an dieser Tradition.

Rechts

Geometrisch, aber romantisch: ein Garten mit Säulenzypressen, Buchsbaumkugeln und Wasserbecken vor der Kulisse einer südfranzösischen Landschaft.

Unten

Mittelpunkt dieses architektonischen Gartens ist ein von goldenen Eiben, gelber *Carex elata* 'Aurea' und *Alchemilla mollis* gesäumtes Quadrat.

Oben
Die durch den gepflasterten Weg betonte Mittelachse verleiht diesem Garten seinen formalen Charakter. Üppiger Frauenmantel *(Alchemilla mollis)* und buschige weiße *Rosa* 'Iceberg' mildern die Strenge.

Die Wege im architektonischen Garten sind klar hervorgehoben. Ein- und Ausgänge sind durch deutliche Strukturen markiert, z.B. links und rechts je einen Formschnittstrauch. Mauern oder beschnittene Hecken dienen als Umfriedung, und die einzelnen Bereiche sind durch niedrige Hecken aus Buchsbaum *(Buxus sempervirens)*, *Sarcococca hookeriana humilis*, Lavendel *(Lavandula)* oder Heiligenkraut *(Santolina)* abgegrenzt.

Architektonische Gärten haben eine lange Tradition und werden immer ihre Freunde finden. Die klaren Formen bringen Ruhe in den Garten, und dennoch ist innerhalb der geometrischen Grenzen üppige Blütenpracht möglich. Farbenprächtige und stark wuchernde Pflanzen wie Strauchrosen oder Frauenmantel wirken in einem formalen Rahmen sehr ansprechend.

Formalität ist nicht auf ein historisches Umfeld beschränkt. Mit ihrer Schlichtheit und den strengen Formen passen architektonische Gärten auch zur minimalistischen Eleganz moderner und postmoderner Bauten. Viele Landschaftsgärtner nutzen heute geometrische Ordnung zur Abgrenzung einzelner Bereiche durch sich wiederholende Formen, z.B. in Reih und Glied angeordnete Buchsbaumkugeln oder säulenförmige Koniferen, und setzen mit von Natur aus formalen Pflanzen skulpturale Akzente.

Romantische Gärten Der Inbegriff des romantischen Gartens ist für die meisten Menschen der Bauern- oder Landhausgarten. Gertrude Jekyll, Gartengestalterin des frühen 20. Jahrhunderts, schrieb ihm einen schlichten, feinen Charme zu, den man in Gärten mit höheren Ansprüchen vergeblich sucht. Die üppige Pracht heutiger Bauerngärten erinnert kaum noch daran, daß sie einst dazu dienten, auf kleinem Raum möglichst viel für den Lebensunterhalt anzubauen. Ihre zwanglos wirkende Fülle – Rosen, vereint mit Obst und Gemüse, Lavendel und Geißblatt – spricht jeden an. Kennzeichen romantischer Gärten ist eine lockere Anordnung mit geschwungenen Pfaden und versteckten, geheimnisvoll anmutenden Bereichen.

Anklänge an vergangene Zeiten sind ein weiteres Merkmal des romantischen Gartenstils. Man kann künstliche Ruinen, Mauern und umrahmte Durchblicke in die Gestaltung einbeziehen. Sie lassen sich mit Rosen, Clematis und anderen Kletterpflanzen beranken und mit krautigen Stauden unterpflanzen, die im Sommer ihre Blütenpracht entfalten. Zauberhaft wirken Schleierkraut *(Gypsophila)* und Fenchel *(Foeniculum vulgare)* in dichten Schwaden zusammen mit Lupinen, Mohn und Kompositenstauden sowie üppigen Blattpflanzen. Der Duft der Blüten und Blätter fördert das romantische Flair: Manche Pflanzen duften das ganze Jahr; direkt am Haus sind nachtduftende Blumen angenehm.

Von besonderer Bedeutung ist der Lichteinfall. Helles Sonnenlicht bringt kräftige Farben zur Geltung, Pastelltöne dagegen büßen im grellen Licht ihre Zartheit ein. Die Weiß- und Cremetöne von Primeln, Anemonen und Silberblatt leuchten im Halbschatten zwischen grünem Blattwerk besonders effektvoll. An sonnigen Standorten wirken weiße Blüten zauberhaft romantisch, wenn man sie mit silbergrauem Blattwerk und pastellfarbenen Blütentönen kombiniert. Gedämpftes Morgen- und Abendlicht wirft weichere Schatten und kommt zarter gefärbten Pflanzen zustatten.

Links

Eine kleine Silberbirne (*Pyrus salicifolia* 'Pendula') gedeiht auf einem von rosa Rosen, *Dianthus* und *Allium christophii* gesäumten Kiesweg.

Oben rechts

Zwei alte Rosensorten, die Essigrosen *Rosa gallica officinalis* und *Rosa gallica* 'Versicolor', bieten mit *Nepeta sibirica* einen romantischen Anblick.

Rechts

Ein Staudenbeet mit Lupinen, Mohn, Rittersporn, *Limnanthes douglasii* und über die Rasenkante wucherndem *Mimulus*.

Naturgärten Naturnahe Gärten sind im Zuge der ökologischen Bewegung seit den 1960er Jahren auf dem Vormarsch, doch erste Ansätze finden sich schon im 19. Jahrhundert, z.B. bei dem Gartengestalter William Robinson. Heute, da man sich wieder auf die natürlichen Reichtümer der Erde besinnt und Naturschutz eine große Rolle spielt, hat sich ein Gartenstil entwickelt, der vor allem durch seine Natürlichkeit eine hohe Kunst darstellt. Ziel des Naturgartens ist es, die natürliche Landschaft in den Garten zu holen, indem man auf der Grundlage der örtlichen Gegebenheiten Pflanzen zusammenstellt, die aus einer ähnlichen Umgebung stammen. Anders als traditionelle Blumenbeete sind Naturgärten nicht in erster Linie auf den optischen Effekt hin angelegt. Ein großer Vorteil solcher Gärten besteht darin, daß sie aufgrund ihrer Abstimmung auf die jeweiligen klimatischen und Bodenverhältnisse relativ pflegeleicht sind. In trocken-heißem Klima gedeihen an Trockenheit und Hitze angepaßte Pflanzen ebensogut wie ein üppiger Waldgarten in einem fruchtbaren Waldgebiet. Wenn man also Pflanzen verwendet, die natürliche Anpassungen an die jeweiligen Klima- und Bodenverhältnisse aufweisen (vgl. Natürliche Verträglichkeit: S.113–131), lassen sich sehr attraktive Gärten gestalten.

In Graslandschaften oder auf Wildblumenwiesen breiten sich Pflanzen flächig aus. Die amerikanischen Landschaftsgärtner James van Sweden und Wolfgang Oehme haben einen neuen, von solch offenen Landschaften inspirierten Gartenstil entwickelt. In ihren Gärten wachsen zwar weniger Arten als in einer natürlichen Prärielandschaft, doch ist der Boden ähnlich wie in der Natur von ineinander übergehenden Ziergräser- und Kräuterflächen bedeckt. In England ist Beth Chattos Kiesgarten sehr einflußreich. Beide Gartenstile lassen sich auch in kleineren Stadtgärten realisieren.

Naturnahe Gartengestaltung bedeutet jedoch nicht, daß man nur einheimische Pflanzen verwenden darf. Eingebürgerte Pflanzen können durchaus eine Bereicherung darstellen. Oft konkurrieren einheimische und eingebürgerte Pflanzen um Licht, Boden und Wasser. Leichter zu handhaben und mitunter auch dekorativer sind daher Zuchtformen, unter denen es auch

Kleines Bild rechts

Scheinbar zufällig im hohen Gras verteilt, vermitteln diese halbwilden Blumen den Eindruck einer natürlichen Waldwiese. Hier finden sich u.a. die schattenliebenden *Geum borisii, G.* 'Georgenburg', *Tradescantia* × *andersoniana* 'Zwanenburg Blue' und die rosavioletten Rispen der im Frühsommer blühenden Zwiebelpflanze *Gladiolus communis byzantinus*.

Oben
Blattwerk läßt diesen weitläufigen Garten natürlich wirken. Ahorne und Azaleen sorgen für prächtige Herbstfarben.
Großes Bild links
Ein Waldweg entlang eines alten Walls wurde mit *Scilla bithynica* in dichten Gruppen bepflanzt, die im Lauf der Jahre verwildert ist.

krankheitsresistente Hybriden gibt. Allerdings erfordert die Verwendung nicht-einheimischer Pflanzen im Naturgarten Fingerspitzengefühl. Wenn aber gewährleistet ist, daß die gewählten Pflanzen sich untereinander und mit den natürlichen Gegebenheiten vertragen, gelingt es, die Natur im Garten nachzuahmen.

Bäume und Sträucher dürfen in einem Naturgarten nicht fehlen, da natürliche Landschaften u.a. von den Herbstfarben von Früchten und Blättern geprägt sind. Auch hier gibt es Zuchtformen, die sich vorteilhafter als ihre natürlichen Ursprungspflanzen ausnehmen und robuster sind. So kann man Birken und Ebereschen z.B. mit Sträuchern wie Hartriegel *(Cornus)* oder auch mit Rosen kombinieren. Wenn die zusammengruppierten Pflanzen ähnliche ökologische Ansprüche haben, wirken sie bezaubernd und vermitteln selbst in der Stadt ein ländliches Flair.

Gärten des späten 20. Jahrhunderts Seit Ende des 19. Jahrhunderts läßt sich in der Gartengestaltung eine Abkehr von geometrischen zugunsten natürlicher Formen beobachten. In den USA und Europa pflanzt man nicht mehr nach formalen Grundsätzen, sondern mischt Wild- mit Kulturpflanzen unter Berücksichtigung der natürlichen Bedürfnisse. So entstehen Gärten, die sich nach einigen Jahren stabilisieren und selbst erhalten. Die einzelnen Arten werden flächig ausgesät oder gepflanzt. Gewächse, die sich stark ausbreiten, werden nicht durch zu dichte Individuenzahlen im Wachstum gehemmt. Pflanzen wie die hohen, Rhythmus schaffenden Königskerzen und Ehrenpreissorten sowie der statische Massen bildende Storchschnabel eignen sich als »Bausteine«, zwischen denen wogende Ziergräser für Bewegung sorgen. Bei Gestaltungen dieser Art lassen sich Raum, Form, Farbe und Bewegung ebenso berücksichtigen wie wechselnde Lichtverhältnisse, so daß von hinten oder seitlich beleuchtete Pflanzen eindrucksvolle Silhouetten und Muster ergeben.

Die Pflanzen werden nicht mehr der Größe nach (die größten hinten, die kleinsten vorn) angeordnet. Vielmehr wählt man oft hohe Stauden wie *Verbena bonariensis* für den Vordergrund, so daß der Betrachter gleichsam durch einen Filter »transparenter« Pflanzen auf das dahinter Liegende blickt. Im Wechsel der Jahreszeiten bestimmen immer wieder andere Pflanzen das Bild. Sterndolden *(Astrantia)* oder Mohn *(Papaver)* werden von *Macleaya cordata* oder Phlox und Wegerich *(Plantago)* abgelöst. Pflanzen, die früh im Jahr verblühen, bleiben wie in der freien Natur an Ort und Stelle, so daß trockene Fruchtstände und pergamentartige Gräser im Spätjahr frostige Wintereffekte ins Bild bringen.

Großes Bild links

***Eupatorium purpureum*, *Veronicastrum virginicum album* und *Atriplex hortensis rubra* überragen hellen Phlox, *Monarda* und *Artemisia*.**

Kleines Bild links

Rosa leuchtet *Echinacea purpurea* 'Magnus' zwischen Gräsern wie dem schlanken *Calamagrostis* × *acutiflora* 'Karl Foerster'.

Oben

Silbrigweiße Blüten von *Artemisia* 'Jim Russell', kombiniert mit rosafarbener *Monarda* 'Cherokee' und dunkelvioletter *Atriplex hortensis rubra*.

Links

Weinrote *Angelica gigas* ragt aus *Monarda* 'Purple Ann', *M.* 'Oudolf's Charm', *Deschampsia* 'Gold Tan' und *Miscanthus sinensis* 'Flamingo' hervor.

als Skulptur. Auch der weltweiten Verbreitung von Pflanzen sind in unserer Zeit kaum Grenzen gesetzt, so daß man subtropische Gewächse mittlerweile auch in den gemäßigten Zonen findet. Als exotische Pflanzen betrachtet man diejenigen, die in einem Land nicht ohne die Pflege des Menschen wachsen können. Dennoch kann ein Eukalyptushain z.B. auch auf den Hebriden gedeihen oder Lotos auf Long Island.

Vielfach bezieht man bei modernen Gärten Materialien wie Kunststoff, Glas, Holz und Kies in die Gestaltung ein. Künstler experimentieren mit dem gesamten Spektrum der vorhandenen Ausdrucksmöglichkeiten. Durch Strukturen, Muster und Farben werden alle Sinne angesprochen.

Links

Sukkulente Aeonien, Agaven, Echeverien, Aloen, Ixien und Watsonien kontrastieren mit Neuseeländer Flachs und Trichterschwertel.

Rechts

Harmonischer Minimalismus: Kies und Holz betonen die Eleganz von Ahornbäumen, beschnittenem Buchsbaum und Gräsern.

Unten

Skulpturale Formen mit effektvoller Wirkung: Lavendel, Heiligenkraut und moosartiger Steinbrech als Polster unter einem *Acer grosseri*.

Moderne Gärten Am Ausgang des Jahrtausends ist es interessant zu sehen, wie sich die Gartengestaltung im Lauf des 20. Jahrhunderts gewandelt hat und in welche Richtung sie sich weiterentwickelt. Von klassischen Vorbildern trennt man sich offenbar nur ungern, doch die Wertschätzung der Vergangenheit führt oft zur Wiederholung des Altbekannten. Bei der Restaurierung historischer Gärten ist es nicht leicht und oft auch gar nicht nötig, die Pflanzenzusammensetzung originalgetreu zu rekonstruieren. Warum sollte man z.B. eine empfindliche Pflanze wählen, wenn es heute robustere Sorten gibt? Daß wir uns an großartigen Gartenanlagen aus früherer Zeit erfreuen, heißt nicht, daß wir auf Kreativität und neue Akzente verzichten müßten. Die Beliebtheit von Naturgärten zeigt, wie sehr sich die Vorstellungen von Gartengestaltung seit dem 19. Jahrhundert verändert haben. Heute steht die ökologische Verantwortung im Vordergrund.

Daß durch verbesserte Reisemöglichkeiten die Welt enger »zusammengerückt« ist, schlägt sich auch in der Gartengestaltung nieder. Als Beispiel seien die japanischen Gärten genannt. Die Pflanzen wuchern dort nicht in übervollen Beeten, und hier und da wirkt z.B. ein in Form geschnittenes Heiligenkraut inmitten natürlicher Materialien wie Kies, Steinen oder Moos

OPTISCHE EFFEKTE

FORMEN

Wie man Ordnung in einen Garten bringt, hängt ganz wesentlich von den verwendeten Strukturen ab. Pflanzen können einzelne Bereiche ebenso effektvoll abgrenzen wie harte Materialien, sofern sie genügend Masse aufweisen und sich ähnlich wie Stein skulptieren lassen. Es gibt jedoch auch Pflanzen mit von Natur aus wirkungsvollen Formen, die man

nicht beschneiden muß. Exotische Fächerpalmen z.B. wirken monolithisch und können als individueller Blickfang dienen. Schwertlilien und Funkien verleihen einem Garten durch ihre stilvollen natürlichen Wuchsformen Struktur. Pflanzenformen dieser Art sind von unschätzbarem Wert, weil sie Leben ins Bild bringen. Planlos bepflanzt wirkt ein Garten dagegen wie eine Melodie ohne Rhythmus.

Links

Eine Hängebirne (*Pyrus salicifolia* 'Pendula') und zwei Buchsbaumkugeln als Hintergrund eines geometrischen Buchsbaummäanders.

Oben

Ein symmetrischer Garten mit kugelkronigen Stammrosen und rund beschnittenen Lavendel- und Heiligenkraut-Stauden.

DIE ROLLE DER FORMEN

Wie alle Lebewesen weisen Pflanzen eine große Vielfalt an Formen auf. Einige sind besonders ausdrucksstark und prägen einen Garten entscheidend. Durch ihren gezielten Einsatz kann man Harmonie und den Eindruck von Tiefe oder Weite in einen Garten bringen.

Während viele Menschen Farbe für den wichtigsten Aspekt einer Bepflanzung halten, steht für mich die Form an erster Stelle. So ist die Gartengestalterin Gertrude Jekyll zwar vor allem für ihre Farbkompositionen bekannt, doch viele ihrer Lieblingspflanzen hatten besondere Formen. Alte Schwarzweißfotos von Rabatten in ihrem Garten im englischen Munstead Wood offenbaren die Form als Grundlage ihrer gemischten Beete. Mit Hilfe der charakteristischen Formen von Lilien, Rittersporn, Baumlupinen und Stockrosen gab sie den Pflanzengruppen Kontur.

Verschiedene Pflanzenformen verleihen einer Pflanzengruppe oder Rabatte einen jeweils ganz eigenen Charakter. So können die schlanken vertikalen Formen von Koniferen, hohen Gräsern, Bambusstauden und Blütenrispen das Bild bestimmen. Diese Pflanzenformen fallen ins Auge, ihre statische Wirkung zieht die Aufmerksamkeit auf sich. Aus der Ferne betrachtet werden sie zu faszinierenden Verbindungsstücken zwischen

Oben

Ein panaschierter *Cornus alternifolia* 'Argentea' breitet seine Blätter über die großen, skulptierten blauen Blätter von *Hosta sieboldiana elegans*.

Links

Säulenwacholder (*Juniperus communis* 'Hibernica') in Kombination mit anderen Formen, darunter bäumchenförmiger *Ligustrum ovalifolium* 'Aureum' und hängender *Prunus* × *yedoensis* 'Shidare-yoshino'.

Himmel und Erde. Schmale vertikale Formen wie die hohe Steppenkerze *(Eremurus robustus)*, Fackellilien *(Kniphofia)* und Wiesenknöterich *(Polygonum bistorta)* dienen als Blickfang, auf dem das Auge eine Zeitlang ruht.

Wenn Pflanzenformen parallel zur Landschaftsebene und im rechten Winkel zu vertikalen Formen angeordnet sind, können sie den Blick aber auch in die Horizontale lenken. Ein klassischer Vertreter dieses Typs ist *Viburnum plicatum* 'Mariesii' mit seinen horizontal geschichteten Zweigen. Die Waagerechte wird zusätzlich betont, wenn im Spätfrühling die großen flachrunden Blütendolden erscheinen. Der horizonta-

des weniger strukturierten Blattwerks anderer Pflanzen.

Die runden Formen von Pflanzen wie Zistrosen *(Cistus)* und Beifuß *(Artemisia)* schaffen eine Atmosphäre von Stabilität; sie sind die »Anker« im Garten (S.38–39). Im formalen Garten dienen sie als Zwillingsmarkierungen, z.B. in Form rund geschnittener Buchsbäumchen rechts und links eines Eingangs oder entlang eines Weges. In einem freier gestalteten Garten sorgen sie für Ruhepunkte inmitten der Dynamik üppig wuchernder Pflanzen. Als Wiederholungsmuster gepflanzt bewirken sie einen Wellenrhythmus. Trauerformen sind ebenfalls rundlich, wirken durch ihre hängenden Zweige aber eher bewegt, flutend (S.34–35). Ihr Verhältnis zur Horizontalen kommt besonders deutlich zur Geltung, wenn z.B. die Zweige einer großen Trauerweide über eine Wasserfläche hängen.

Bei der Zusammenstellung der Pflanzen lassen sich also, wie wir auch später noch sehen werden, mit ausdrucksstarken Formen positive Akzente setzen. Damit das Ganze nicht zu unruhig wirkt, ist eine gute Planung notwendig. Glücklicherweise gibt es aber nur wenige formintensive Pflanzen; die meisten wirken neutral oder dämpfend, gewissermaßen als Statisten zwischen den Hauptakteuren.

Oben

Vor der Kuppelform eines *Acer palmatum* 'Dissectum Viride' kommen die Blütenkugeln von *Allium hollandicum* und die Ähren von *Polygonum bistorta* 'Superba' wirkungsvoll zur Geltung.

Rechts

Der säulenartige Wuchs der dunkelgrünen Eibe *Taxus baccata* 'Fastigiata' korrespondiert mit den Blütenkolben von *Kniphofia* 'Goldelse' im Vordergrund.

le Wuchs ist in der Natur so häufig wie der vertikale, doch seine Wirkung ist eine völlig andere (S.32–33): Horizontale Wuchsformen lenken den Blick in die Weite und führen ihn, wenn er auf eine ähnliche Form trifft, wieder zurück.

Schwertförmige Blätter wie die der Palmlilien *(Yucca)* wirken in einem Garten besonders auffallend, während die schlichte Eleganz von Iris, Ziergräsern, Binsenlilien und Taglilien *(Hemerocallis)* einen sanfteren Akzent setzt (S.36–37). Zu Flecken oder Streifen gruppiert sorgen Pflanzen mit lanzettlichen Blättern wie die Gelbe Schwertlilie *(Iris pseudacorus)* für klare lineare Muster. Sie wirken als Ruhepunkte inmitten

DIE ZUSAMMENSTELLUNG VON FORMEN

Pflanzen wie Agaven, Kakteen und Yuccas dienen mit ihren hochprofiligen Formen als Blickfang im Garten. Diese Individuen dulden nur wenig unmittelbare Konkurrenz. Schmale aufrechte Pflanzen allerdings wirken allein meist zu schwach. Sie setzen vertikale Akzente und lenken das Auge aufwärts, wirken aber isoliert meist ebenso deplaziert wie eine einzelne Säule auf einem großen Platz. Weit besser kommen sie in Gruppen zur Geltung.

Bei der Zusammenstellung von Pflanzen sollte man bestimmte Prinzipien beachten, auf die im folgenden näher eingegangen wird. Vertikale Formen z.B. kann man – in unterschiedlichen Größen – in verschiedenen Bereichen des Gartens aufgreifen. Durch die Wiederholung entstehen optische Verbindungen. Mehrere Pflanzen derselben Art oder Wuchsform wirken, wenn sie dicht beisammenstehen, massiv und damit stabiler. Pflanzen unterschiedlicher Form am Fuß eines stark ausladenden oder hängenden Baumes verankern diesen optisch im Boden.

Zahlenspiele Wie schon erwähnt, lenken Einzelexemplare das Augenmerk auf sich. Bei zwei ähnlichen Pflanzen, ganz gleich, wie weit sie auseinander stehen, fällt der Blick dagegen auf den Mittelpunkt einer gedachten Linie zwischen den beiden. Das Auge springt nicht zwischen ihnen hin und her, sondern ruht genau in der Mitte. Dies ist ein Grund, weshalb identische Pflanzen als »Wachtposten« Eingänge und Bänke flankieren, auf die man den Blick lenken will.

Ist dieser Effekt nicht beabsichtigt, muß man einen identischen Drilling hinzufügen. Was aber geschieht dann? Dreiergruppen verbindet unser Gehirn stets zu Dreiecken, die – ob gleichseitig oder nicht – immer Stabilität ausstrahlen. Eine Dreiergruppe aus Irischen Säulenwacholdern (*Juniperus communis* 'Hibernica') oder Sandbirken ist ein angenehmer Blickfang. Auch eine Gruppe aus drei Strauchrosen oder buschigen Varietäten von *Cornus alba* ist attraktiv, ganz gleich, wie das Dreieck angeordnet ist. Dasselbe gilt für viele krautige Pflanzen, so z.B. für Mohn- oder Funkiengruppen. Mit

Unten
Vier kegelförmig beschnittene Buchsbaumbüsche betonen ein Steinquadrat; für einen farbigen Mittelpunkt sorgen bunte Stiefmütterchen.

Unten
Asymmetrisch gepflanzte vertikale *Carnegiea gigantea* findet in anderen Pflanzen ausgleichenden Widerhall und lenkt den Blick auf Agaven und Aloen.

drei unterschiedlichen Pflanzen dagegen kann man eine ansprechende Pyramide gestalten. Für diese klassische Art der Pflanzengruppierung benötigt man eine höherwüchsige Pflanze, z.B. eine spitz aufragende Wuchsform von Rosmarin *(Rosmarinus officinalis)*, daneben eine niedrigere rundliche Form, z.B. ein Fingerkraut, und auf der tiefsten Ebene eine flachwüchsige Bodendeckerpflanze wie *Cotoneaster horizontalis*.

Sobald man die Individuenzahl auf vier erhöht, beginnt unser Gehirn wieder mit einer gleichmäßigen Aufteilung, und der Blick sucht die Mitte. Will man dies vermeiden, muß man Individuen in ungerader Zahl unregelmäßig verteilen. Die sich dadurch ergebenden Zufallsmuster lassen sich nicht so leicht mathematisch auflösen. In einer Fünfergruppe braucht man daher eine Pflanze, die die anderen überragt. Ein Beispiel für ein solches Ensemble wäre ein kleiner Baum, z.B. eine *Aralia elata*, zwei »hügelige« *Viburnum davidii*, eine ausladendere Pflanze mittlerer Höhe wie *Acer palmatum dissectum* und ein Bodendecker wie *Juniperus horizontalis* als »Anker«.

Bei großflächigeren Anlagen muß man berücksichtigen, daß unsere linke, rationalistische, organisierende Gehirnhälfte stets danach strebt, größere »Pflanzenmassen« in Gruppen und Muster aufzulösen. Zusätzlich muß man bedenken, daß unser Gehirn Pflanzen ähnlicher Form und Farbe verbindet. Eine ungerade Anzahl von Pflanzen in kleineren und größeren Gruppen vermittelt den Eindruck von zusammenhängenden Flächen. Sobald man Pflanzenpaare verwendet, bringt man Spannung zwischen beiden, Teilung, Formalismus und Symmetrie ins Spiel, wie dies im architektonischen Garten erwünscht ist. Hier schafft man durch gerade Zahlen geometrische Ordnung.

Diese Überlegungen zur Anordnung von Pflanzen sollen die Planung erleichtern. Allerdings kann man viele Pflanzen nicht in solch strenge Zahlenschemata pressen. Die Natur läßt sich nicht einengen, und Pflanzen mit Kriechsprossen oder Ausläufern sind hinsichtlich ihrer Ausbreitung unberechenbar, in welcher Anordnung man sie auch pflanzen mag.

Unten

In dichter Reihe gepflanzte Funkien bilden mit einer buschigen *Rosa* × *francofurtana* eine kompakte Dreieckskomposition.

Unten

Eine mit den Sukkulenten *Agave parryi huachucensis*, *Senecio mandraliscae*, *Colletia paradoxa* und *Puya coerulea violacea* dichtbepflanzte Böschung.

Gestaltungsprinzip Wiederholung Beim Betrachten eines Gartens entstehen, oft unbewußt, räumliche Assoziationen. Eine Ausnahme sind großflächige Anlagen, z.B. eine Blumenwiese. Sie nimmt man als zweidimensionalen Blumenteppich wahr. Anpflanzungen in einer Ebene, z.B. eine Reihe Bäume in gleichmäßigen Abständen oder eine bodendeckende Füllbepflanzung mit einer Pflanzensorte, können jedoch trotz ihrer Gleichförmigkeit zauberhaft wirken.

Wiederholung muß aber nicht formalistisch sein. Klare Blattformen wie die von Neuseeländer Flachs oder Blumenrohr treten stets aus der Masse hervor. Eine zufällige Verteilung einfacher Formen im Garten schafft rhythmische Verbindungen. Der dankbare *Viburnum davidii* z.B. mit seiner kugeligen Wuchsform kann in unterschiedlichen Bereichen in Dreiergruppen, aber auch einzeln gepflanzt werden. Übermannshoch greift z.B. eine rundkronige Robinie wie *Robinia pseudoacacia* 'Inermis' die Kugelform auf, und an einer anderen Stelle schafft *Cistus* × *hybridus* (syn. *C.* × *corbariensis*) die Verbindung.

Die gleiche Wirkung haben markante Blattformen. Hohe Schwertblätter von Montbretien und Neuseeländer Flachs und Gräser wirken harmonisch zusammen. Diese Pflanzen schaffen Einheitlichkeit selbst über Wasserflächen hinweg, ebenso die aufragenden Blütenstände von Lupinen, Fackellilien und Rittersporn, die sich klar voneinander abheben und dennoch in ihren Formen gegenseitig widerspiegeln (zu Pflanzenmustern siehe S.58–59).

Oben links
Phlox, *Saponaria* × *lempergii* 'Max Frei' und *Astrantia major* 'Claret' sowie *Macleaya cordata*, *Atriplex hortensis rubra* und *Angelica archangelica* an einem mäandrierenden Gartenweg.

Links
Hier setzen aufrechte schwertförmige *Phormium*- und *Iris*-Blätter vertikal-lineare Kontraste zur horizontalen Wasserfläche.

Die Wiederholung von Pflanzenformen ist auch ein wichtiges Mittel, Richtungsänderungen an einem gewundenen Weg anzuzeigen. Büsche oder Stauden zu beiden Seiten des Weges schaffen einen logischen Grund für die Kurven. Ähnlich geformte oder identische Pflanzen wirken hier am passendsten, da die Wegbiegungen bereits für ausreichend Abwechslung sorgen.

Die Wiederholung von Formen erfordert nicht unbedingt die Verwendung gleicher Pflanzensorten, nicht einmal gleich großer Pflanzen. Man kann z.B. einen spitz aufragenden Baum im gleichen Rahmen wie eine Gruppe von Fingerhüten *(Digitalis)* pflanzen. Diese Verbindung schmeichelt allen beteiligten Pflanzen.

Entfernung und Perspektive Das beste Beispiel dafür, wie Perspektive entsteht, ist die klassische Allee. Privatgärten sind meist zu klein für diesen Effekt, doch läßt sich durch wiederholtes Auftreten bestimmter Pflanzenformen, z.B. Bambusstauden oder Gräser, in einem Garten der Eindruck von Weite erwecken. Man kann auch eine Illusion von Tiefe schaffen, indem man nah am Haus größere Pflanzen und weiter entfernt kleinere von ähnlicher Form pflanzt. Eine Gruppe großer Koniferen wie die spitz aufragende Eibe *Taxus baccata* 'Fastigiata' nahe beim Betrachter kann in einiger Entfernung von kleineren, in der Form ähnlichen Koniferen wie *Juniperus communis* 'Sentinel' aufgegriffen werden.

Einen ähnlichen Effekt erreicht man mit charakteristisch geformten größeren Sträuchern und Stauden nahe beim Betrachter, deren Formen sich mit zunehmender Entfernung in immer kleinerem Maßstab wiederholen. Die Wirkung läßt sich verstärken, indem man z.B. Wege mit der Entfernung schmaler werden läßt und immer blassere, bläulichere Farben verwendet. Auch mehrere beschnittene Hecken dicht hintereinander wirken, als stünden sie weiter auseinander, als es tatsächlich der Fall ist.

Ein anderer Trick ist die alte japanische Technik des *Shakkei*, bei der man die umgebende Landschaft in das Gesamtbild einbezieht. In klassischer Zeit schuf man durch eine Einfriedung des Gartens mit Pflanzen, die zur umgebenden Landschaft passen, eine Verbindung. In kleinen Gärten kann man die Formen der Pflanzen im Hintergrund imitieren und somit eine optische Verknüpfung bewirken, die die Grenzen aufhebt und Tiefe schafft.

Die Gestaltung mit Pflanzen läßt sich mit einem Fußballspiel vergleichen: Damit das Teamwork klappt, muß jeder einzelne nicht nur wissen, wo der Ball ist, sondern auch, wo sich die anderen Spieler befinden, denen er den Ball zuspielt. Dem Ball entspricht im Garten das Auge, und die auffälligeren Pflanzen sind die Spieler. Der Betrachter blickt von Pflanze zu Pflanze, wobei er stets das Ganze als Einheit wahrnimmt.

Oben rechts

Die rhythmisch gewellten Heckenformen geben dem Garten Weite und lassen ihn zugleich abgeschlossen erscheinen.

Rechts

Dieser Garten ist optisch nicht strikt abgegrenzt. Die Transparenz des lockeren Stangenzauns bezieht das Weizenfeld im Hintergrund optisch mit ein und läßt den Garten größer wirken.

Kontrast Wenn alles in einem Garten vorhersagbar ist, es keine Abwechslung zwischen offenen Flächen und dichten Pflanzenmassen oder zwischen hellen und dunklen Bereichen gibt oder die Bepflanzung zu einheitlich ist, wirkt der Garten langweilig. Gegensätze setzen Glanzlichter, schaffen Atmosphäre und regen die Sinne an.

Kontraste beleben den Garten. Hartriegel z.B. strebt nach oben und bildet ein schüsselförmiges Profil. Ihn kann man am Boden mit geschichteten Lagen von *Juniperus sabina* 'Tamariscifolia' verankern. Der horizontal wachsende *J.* × *media* 'Pfitzeriana' dagegen bildet das ideale Gegenstück zu den aufrechten Schwertblättern von Neuseeländer Hanf oder Palmlilien.

Auch viele hochwüchsige krautige Pflanzen nehmen sich zwischen niedrigen und weniger auffälligen Arten attraktiv aus. Die vertikale *Salvia* × *superba* z.B. wirkt besonders aufsehenerregend zwischen den rundlichen Polstern der köpfchenblütigen *Anthemis punctata cupaniana*. Rote Lupinenblütenähren wiederum kommen neben den flachen Dolden der Schafgarbe *(Achillea)* sehr schön zur Geltung, und die Blütendolden von Fetthennen *(Sedum)* verankern wogende Gräser oder die steil aufragenden Blätter von Neuseeländischem Hanf fest am Boden.

Links

Die unterschiedlichen grasartigen Formen von *Pennisetum alopecuroides*, *Cortaderia selloana* 'Pumila' und *Miscanthus floridulus* sowie starres *Phormium tenax* erhalten durch *Sedum*-Flächen Verbindung zum Boden.

Rechts oben

Die horizontale Schichtung ist charakteristisch für *Viburnum plicatum* 'Mariesii'. Unter den weißen Blütenlagen bilden dicke vertikale *Polygonum*-Blütenähren einen Kontrast.

Durch Kontraste kann man nicht nur Wuchsformen hervorheben, sondern auch Spannung im Garten schaffen. Manche Formen, z.B. starre aufrechte, sind immer dominant, und massige immergrüne Schneebälle *(Viburnum)* kontrastieren hervorragend mit zarten Stauden. Die schweren kohlartigen Blätter von *Crambe cordifolia* machen es schwierig, einen geeigneten Platz für diese einjährige Staude zu finden. Doch bei ihr bilden die eigenen Blütenstände einen Kontrast: Die großen Rispen mit ihren weißen Blütchen gaben der Meerkohlverwandten den bezeichnenden deutschen Namen Riesenschleierkraut. Auch Wiesensalbei *(Salvia pratensis)* mit seinen lavendelfarbenen Blütenähren paßt ins Bild. Die fiederigen Blüten von Goldrute *(Solidago)* können als Kontrast zu den kraftvollen rundlichen oder ovalen Blättern der horstbildenden Bergenie (»Löffelblatt«) dienen.

Doch nicht alle Pflanzenformen sind so charakteristisch, und viele Gärtner setzen zart anmutende Pflanzen wie Gräser und Fenchel als Kontrast zu kräftigeren Blattformen ein. Die duftigen Blüten des Strandflieders *(Limonium)* wirken wunderbar zusammen mit den stacheligen Blättern und Blüten von *Eryngium bourgatii*. (Weitere Vorschläge: S.54–57.)

Links Mitte

Die auffällige stachelige Form einer statischen *Cordyline australis* findet Widerhall in Lupinenähren, während die flachen Blütenköpfe von *Achillea* 'Coronation Gold' die Horizontale betonen.

Links

Hohe, elegante Blütenähren von *Ligularia* 'The Rocket' und die Blätter von *Phormium tenax* 'Purpureum' erzeugen einen kraftvollen vertikalen Akzent, der wirkungsvoll mit dem fließenden braunen Riedgras im Vordergrund kontrastiert.

DIE VERSCHIEDENEN FORMEN

Die Vielfalt von Pflanzenformen in der Natur ist ein ständiger Ansporn für die Phantasie. An dieser Stelle sollen nun einige Pflanzen mit charakteristischen Formen benannt und ihre Verwendungsmöglichkeiten im Garten erläutert werden.

Schlanke vertikale Pflanzen Schmale vertikale Pflanzen sind sehr ausdrucksstark. Sie bringen Ruhe in eine bewegte Szenerie und wirken in jeder Jahreszeit als Blickfang.

Laubbäume wie die blaßrosa Zierkirsche *Prunus* 'Amanogawa' und der Zierapfel *Malus* 'Van Eseltine' haben ebenfalls eine schlanke Wuchsform und außerdem Blüten im Frühling sowie bunte Blätter und hübsche Früchte im Herbst. Auch viele Zuchtformen anderer Bäume ragen schlank auf. Die Pyramidenpappel *(Populus nigra italica)* wird oft in Reihen als Windschutz gepflanzt. Sucht man »Wächterbäume«, sollte man auf die Bezeichnungen 'Columnare', 'Erecta', 'Spire' und 'Fastigiata' achten. Als Individuen sind sie ein attraktiver Blickfang, zu mehreren eignen sie sich als Allee.

In wesentlich kleinerem Maßstab lassen sich vertikale Formen in Beeten und Rabatten aufgreifen. Viele Stauden und einjährige Pflanzen haben senkrecht aufragende Blütenstände, u.a. Weiderich, Lupinen, Akanthus, Germer und Fackellilien. In Gruppen dienen sie als optische Verbindungsglieder, die eine gewisse Ordnung sowie ein Maximum an dekorativem Ausdruck in den Garten bringen. Bis zu 2 m hoch wird die

In den Mittelmeerländern dominieren Säulenzypressen (*Cupressus sempervirens* 'Stricta') die Landschaft, doch es gibt noch viele andere schlanke, schmale Koniferen, z.B. die Rauchzypresse *(Calocedrus decurrens)*. Für Hausgärten geeigneter sind kleinere Koniferen wie die bläuliche Scheinzypresse *Chamaecyparis lawsoniana* 'Columnaris Glauca', die schwarze Eibe *Taxus baccata* 'Fastigiata' und der graugrüne Irische Säulenwacholder *Juniperus communis* 'Hibernica'.

Oben links

***Papaver orientale* 'Patty's Plum', *Iris* 'Shampoo' und *Allium hollandicum* 'Purple Sensation' sind Blumen mit natürlicher aufrechter Wuchsform.**

Oben Mitte

Eindrucksvoll überragt die säulenförmige *Cupressus sempervirens* alle Elemente in diesem Garten. Selbst die Statue tritt in den Hintergrund.

Oben rechts

Die massive Wacholdersäule bildet einen Blickfang neben dichtgepflanzten Pfingstrosen, Ehrenpreis und einem kugelig beschnittenen Weidenbäumchen.

zweijährige Königskerze *Verbascum bombyciferum*. Viele Ritterspornhybriden werden sogar noch höher; man muß ihre Blütenstände stützen, damit sie nicht abknicken. Die etwa 1,5 m hohe Silberkerze *Cimicifuga ramosa* mit ihren cremefarbenen Blütenbürsten blüht im Herbst. Für schattige Standorte eignet sich Fingerhut, für feuchtere *Ligularia* 'The Rocket'.

Diese vertikalen Pflanzen sind sehr dominant, und es empfiehlt sich, ihre starke Wirkung durch andere in dichten Gruppen gepflanzte senkrechtwüchsige Pflanzen wie *Veronicastrum virginicum* (syn. *Veronica virginica*) auf einer niedrigeren Ebene abschwächen. Gut passen auch weicher *Stachys byzantina*, geschichtete Funkien, rundblättrige Purpurglöckchen *(Heuchera)* und die kuppelförmigen Storchschnäbel *(Geranium)*. In praller Sonne mildert Wermut *(Artemisia)* die Strenge von Fackellilien *(Kniphofia)*, und im Schatten betten Astilbenblätter und Farne Fingerhüte *(Digitalis)* ein.

Oben

Die farbenprächtige Kombination aus *Lythrum salicaria* 'Lady Sackville' und *Lysimachia ephemerum* mit stark vertikal geprägtem Wuchs wird durch *Berberis thunbergii* 'Rose Glow' akzentuiert, die einen passenden rosavioletten Hintergrund abgibt.

Rechts

Dicht an dicht stehen die aufrechten Blütenähren in diesem Staudenbeet. Im Hintergrund blüht hell- und dunkelvioletter Rittersporn. Davor greifen Schichten von Kornblumen, Geißraute, Schafgarbe und silberblättrigem Ziest den vertikalen Aspekt auf.

Horizontale Pflanzen Anders als die Vertikale fängt die Horizontale den Blick nicht ein, sondern läßt ihn über den Garten gleiten. Damit er nicht ins Leere geht, sollte man ihn zu einem Ruhepunkt oder an eine Stelle führen, die ein verborgenes Geheimnis erahnen läßt. Diesen dynamischen Effekt erreicht man durch die Wiederkehr von Pflanzen mit horizontaler Wuchsform an unterschiedlichen Stellen.

Horizontale Pflanzen

***Achillea filipendulina* 'Gold Plate'**
(Edelgarbe)
Aufrechte Staude mit flachen Blütendolden. Höhe bis 1,2 m bei 60 cm Durchmesser.

***Cornus controversa* 'Variegata'**
Laubabwerfender Baum mit etagenförmigem Aufbau und panaschierten Blättern. Höhe und Durchmesser bis 9 m.

Oben
Der Hartriegel *Cornus controversa* wird wegen seines von Natur aus etagenförmigen Aufbaus geschätzt.

Oben
Die Blüten des eleganten *Viburnum plicatum* 'Pink Beauty' liegen in parallelen horizontalen Schichten.

Deutlich waagerechte Wuchsformen gibt es in den unterschiedlichsten Höhenstufen, von der großen Zeder *Cedrus libani atlantica* 'Glauca' und der niedrigeren Föhre *(Pinus sylvestris)* bis zu bodendeckenden Wacholdern und Thymianmatten. Ein hübscher, die Horizontale betonender Baum ist *Cornus controversa* 'Variegata', der bis zu 15 m hoch wird und dessen geschichtete Zweige fast ebensoweit ausladen. *C. kousa* ist zwar nicht horizontal geschichtet, hat aber waagerecht angeordnete Blütenköpfe mit großen weißen Hüllblättern, die im Frühsommer auf den Zweigen stehen. So greifen selbst Details die Wuchsformen anderer Pflanzen auf.

Auch bei Hortensien und Schneeball findet man flache Blütenstände, die eine horizontale Schichtung andeuten. *Viburnum plicatum* 'Mariesii' ist gänzlich horizontal angelegt, während Bauernhortensien wie die weiße *Hydrangea macrophylla* 'Veitchii', die blaue *H.m.* 'Blue Wave' und die rosarote *H.m.* 'Geoffrey Chadbund' durch ihre Blüten wirken. Stark horizontal ist auch *Prunus laurocerasus* 'Zabeliana', ein Strauch, der bis 2,5 m breit, aber nur halb so hoch wird. Zusammen mit vertikalen Fingerhüten und fächerförmigen Farnen wirkt er zauberhaft.

***Hydrangea macrophylla* 'Blue Wave'**
(Bauernhortensie)
Dieser laubabwerfende buschige Strauch gehört zu den »Lacecap«-Hortensien, die im Hochsommer flache, offene Blütenstände (»Spitzenhäubchen«) tragen. Schattenliebend, Höhe und Durchmesser 1,5 m.

***Juniperus sabina* 'Tamariscifolia'**
(Tamariskenwacholder)
Ausladender, eher flacher Strauch mit bläulich-grünen Nadelblättern. Höhe 45 cm bei 1,5 m Durchmesser.

Einige kleinere Sträucher breiten ihre Zweige in 60–90 cm Höhe parallel zum Boden aus. Dazu zählen die immergrüne *Lonicera pileata* und *Cotoneaster horizontalis*, ein laubabwerfender Strauch mit Blüten und Beeren. Beide haben winzige Blätter und sind unter höheren Sträuchern ein dekorativer Unterwuchs. Eine ausladende Wuchsform hat auch die Zaubernuß *(Hamamelis)*, deren gelbe bis orangefarbene Winterblüten einen starken Duft verströmen, während der Ginster *Genista pilosa* 'Lemon Spreader' mit seinen spätsommerlichen gelben Blüten bis zu 1,5 m in die Breite wächst. Beide bevorzugen sauren Boden.

An dieser Stelle sollten auch die Japanischen Ahorne *(Acer)* erwähnt werden. Sie sind nicht eigentlich horizontal, doch weisen viele einen sanft ausladenden Wuchs auf, vor allem wenn sie älter sind. *Acer palmatum atropurpureum* wirkt zusammen mit Rhododendren, Skimmien und Lavendelheide auf hügeligem saurem Waldboden sehr elegant. Die Ahorne der kleineren *Dissectum*-Gruppe zeigen eine weiche Schichtung, die besonders gut zur Geltung kommt, wenn die Zweige über Mauern oder Wasser hängen.

Die Horizontale ist von wesentlicher Bedeutung. Sie ebnet, lenkt das Auge in die Weite und bringt andere Pflanzen zur Geltung. So stellen dichte Bergenien- und Funkienmassen die Blütenstände von Astilben besonders effektiv heraus. In gleicher Weise spiegeln die flachen Blütenstände von Schafgarben und Fetthenne *(Sedum spectabile)*, die Plateauköpfe von Sonnenbraut *(Helenium)* und vielen Chrysanthemen die Horizontale von Sträuchern und selbst eine ebene Rasenfläche wider.

Horizontale Pflanzen

***Prunus laurocerasus* 'Zabeliana'**
Immergrüner Strauch mit schmalen, glänzenden Blättern und weißen Blütenkerzen. Höhe bis 1,2 m, Durchmesser 2,5 m.

***Sedum* 'Herbstfreude'**
Staude von bis 60 cm Höhe und Durchmesser mit rosafarbenen bis roten Blüten und fleischigen Blättern.

***Taxus baccata* 'Dovastoniana'**
Eibe von oft sehr ausladendem, horizontalem Wuchs mit etagenförmig geschichteten Zweigen. Höhe bis 1,2 m, Durchmesser 2,5 m.

***Viburnum plicatum* 'Mariesii'**
Blühender, laubabwerfender Strauch von ausladendem Wuchs. Die doldigen weißen Blütenstände stehen wie gestielte Teller auf den Zweigen. Blütezeit Frühjahr bis Frühsommer, Höhe 1,8 m, Durchmesser 2,5 m.

Oben
Das prachtvolle alte Exemplar von *Juniperus* x *media* 'Pfitzeriana' hat einen ausgeprägt horizontalen Wuchs.

Oben
***Achillea* 'Coronation Gold' kontrastiert hier mit *Ligularia* 'The Rocket' und *Heuchera* 'Palace Purple'.**

Hängeformen Besonders interessant sind Trauer- oder Hängeformen, die relativ statisch wirken können, überwiegend aber Bewegung ins Spiel bringen. Die Trauerweide *Salix × sepulcralis chrysocoma* bewegt sich wie viele hängende Pflanzen im Wind. Die wesentlich kleinere hängende Sandbirke *Betula pendula* 'Youngii' läßt einen Strauchgarten auf leicht saurem Waldboden mit statischen Hügelelementen wie Rhododendren und Lavendelheide besonders zauberhaft wirken. und bilden in Gruppen von drei oder mehr Exemplaren Ruhepunkte.

Trauerformen gibt es auch bei anderen Bäumen, so bei der Esche (*Fraxinus excelsior* 'Pendula'), der Buche (*Fagus sylvatica* 'Aurea Pendula') oder auch der Robinie. Ein warnender Hinweis zu Hängekirschen: Die meisten sind auf andere Bäume gepfropft. Der Stamm der rosaroten Zierkirsche *Prunus* 'Kanzan' wird daher sehr dick, der Baum aber nur mittelhoch, so daß die Zweige wie zu 8 m und wird oft als Einzelexemplar gepflanzt, weil unter ihr außer einigen Frühblühern kaum Pflanzen gedeihen.

Bei den Bäumen sollte man die Koniferen mit ihren oft sehr eleganten Wuchsformen nicht vergessen. So gibt es bei der Blauen Atlaszeder eine hängende Variante (*Cedrus libani atlantica* 'Glauca Pendula'), und die bogenförmigen Äste der Mähnenfichte *(Picea breweriana)* haben hängende Zweige. Diese Koniferen vertragen sich gut mit

Oben
Die buschige immergrüne Rosmarinweide *(Itea ilicifolia)* ist wegen ihrer glänzenden dunkelgrünen Blätter und ihrer langen Blütenkätzchen beliebt.

Oben
Die schmalen silbergrauen Blätter der Zierbirne *Pyrus salicifolia* 'Pendula' sitzen an hängenden Zweigen. Die Blüten (Frühjahr) sind weiß.

Oben
Die Hängekirsche *Prunus* 'Kiku-shidare-zakura' (syn. *P.* 'Cheal's Weeping'), hier in Kombination mit einer Buchsbaumkugel und steifen Palmlilien.

Auch zwischen kräftigen immergrünen Sträuchern wie Schneeball *(Viburnum)* oder Lorbeerkirsche *(Prunus lusitanica)* sorgt sie für Abwechslung.

Einige andere Sandbirken wirken vor allem in Gruppen. *Betula pendula* 'Tristis' und *B.p.* 'Dalecarlica' z.B. präsentieren sich elegant fließend lieblos in eine Vase gesteckte Blumen aus dem Stamm hervortreten. Anmutiger ist die ungepfropfte *P. subhirtella* 'Pendula Rubra'. Hübsch wirkt auch die halbhängende *Prunus* 'Mount Fuji' (*syn. P.* 'Shirotae') mit ihren duftenden weißen Doppelblüten. Ihre Zweige hängen im Alter bis zum Boden. Sie erreicht Durchmesser bis allen Pflanzen, die sauren Boden lieben, z.B. mit Heide, und bilden einen passenden Hintergrund für viele blühende Sträucher, von Weigelien und Fuchsien bis zu Rosen aller Art. Ein Baum für kleinere Gärten ist *Pyrus salicifolia* 'Pendula', deren weiche graue Blätter gut mit silberblättrigen Pflanzen und Rosen harmonieren.

Etwas bescheidener, aber zauberhaft fließend wirkt der Sommerflieder *Buddleja alternifolia*. Wenn man ihn auf Einstämmigkeit zurückschneidet, hängen seine im Sommer mit violetten Blüten übersäten Zweige bogenförmig herab. Mit einer Wuchshöhe von 3 m und einer Breite von 4 m kann man die Buddleja als Einzelexemplar oder hinter einem Mischbeet pflanzen.

Nicht alle hängenden Pflanzen wirken bewegt. Die Trauerform der Blutbuche (*Fagus sylvatica* 'Purpureopendula') mit 3 m Höhe und Breite bringt bronzefarben-schwarze Blätter an steifen Hängezweigen hervor. Seine Unbeweglichkeit macht diesen Baum ideal für die Kombination mit steifem Neuseeländer Flachs und kontrastiert reizvoll mit zarteren Pflanzen wie Gräsern, Schleierkraut und Wermut. Die Zwergmispel *Cotoneaster* 'Hybridus Pendulus' wirkt ähnlich starr, wenn sie als Trauerform kultiviert wird. Sie erhebt sich als formaler »Gegenpol« aus einem wildwuchernden Beet und eignet sich ebenso wie pyramidenförmige Pflanzen als Blickfang (S.30).

Seltener sind Trauerformen bei krautigen Pflanzen. Einige von Natur aus hängende Pflanzen wie der säureliebende Schwalbenwurzenzian *(Gentiana asclepiadea)* oder *Fuchsia* 'Cascade' wirken an Böschungen oder auf Pflanzterrassen besonders gut, weil ihr fließender Wuchs am besten von unten betrachtet zur Geltung kommt. Besonders attraktiv wirken sie mit hängenden Koniferen wie *Cedrus deodara* 'Golden Horizon' oder *Tsuga canadensis* 'Pendula' und kleineren, abwärts fließenden Ahornen.

Oben
Die hübschen hängenden Blütentrauben machen den Goldregen – hier mit *Wisteria*, Zierlauch und *Alchemilla mollis* – zu einem beliebten Gartenbaum.

Unten
Eine deutlich hängende junge *Cedrus libani atlantica* 'Pendula', kombiniert mit Goldlärche *(Pseudolarix amabilis)* und einem kleinen Säulenwacholder.

Stachelige und grasförmige Pflanzen Sträucher, Stauden und krautige Gewächse mit grasartigem Blattwerk können ähnlich unterschiedlich wirken wie hängende Pflanzen. Kakteen z.B. sind starr, die eleganten Blätter der Ziergräser dagegen fangen das Licht ein und bewegen sich im Wind. Auch diese Pflanzen gibt es in allen Größen, von stattlichen Bambusstauden bis zur winzigen Grasnelke *Armeria juniperifolia.*

Größere Pflanzen wie Keulen- und Palmlilien wirken in der Regel statisch und ziehen den Blick auf sich wie Statuen. Man kann diesen Effekt abmildern, indem man sie in formalistischer Weise paarig anordnet, in größeren Gruppen pflanzt oder mit ähnlich auffälligen Formen wie Agaven, Palmen, Clivien und Aloen (in wärmeren Klimaten) oder mit *Trachycarpus fortunei*, *Melianthus major*, *Acanthus spinosus*, *Eryngium agavifolium* oder *Macleaya cordata* kombiniert.

Andere schwertförmige Stauden mit statischer Wirkung sind anspruchsloser und passen auch in ein »weicheres« Gartenbild. Dazu gehören *Sisyrinchium striatum*, Montbretien, *Astelia nervosa* und einige Fackellilien *(Kniphofia)*. Um den vertikalen Charakter dieser Pflanzen zu betonen, sollte man sie mit Riesenschilfrohr *(Arundo donax)* oder starren Gräsern wie dem Blaustrahlgras (*Helictotrichon sempervirens*, syn. *Ave-*

Oben links

Rosarote Wiesenraute *(Thalictrum)* ist eine auffällige Staude. Sie läßt sich gut mit Ziergräsern wie *Carex muskingumensis*, *Calamagrostis* und *Briza maxima* kombinieren.

Links

In einer üppigen Fontäne fallen die Blätter des Pampasgrases *Cortaderia selloana* 'Aureolineata' weich über die roten und gelben Fingerkräuter *Potentilla* 'William Rollison' und *P.* 'Yellow Queen'.

na candida), blauem Strandhafer (*Leymus arenarius*, syn. *Elymus arenarius*) und Reitgras (*Calamagrostis* × *acutiflora* 'Stricta') kombinieren.

Diese Pflanzen sind auch aus gemischten Staudenbeeten nicht wegzudenken. Sie bringen Ordnung in das Gewirr der unterschiedlichen Blattformen. Im Sommer, wenn dem Auge viel Anregung geboten wird, wirken die stacheligen jadegrünen Blätter der *Iris germanica*-Hybriden in einer sonnenbeschienenen Rabatte beruhigend. Die bis zu 1,2 m hohen Schwertblätter von *I. pseudacorus* ragen majestätisch aus feuchtigkeitliebenden Pflanzen wie Funkien, Astilben, Kreuzkraut und Primeln heraus. Auch mit Tafelblatt *(Rodgersia)*, Rhabarber *(Rheum)* und Silberkerzen *(Cimicifuga)* kommen sie gut zur Geltung und können sogar mit den gewaltigen Paddelblättern des Stinkkohls *(Lysichiton americanus)* oder den stachelig gerandeten Fingerblättern von *Gunnera manicata* konkurrieren.

Iris pallida mit ihrer Fächerform sollte man mit Fingerspitzengefühl einsetzen, da die Blätter zweidimensional wirken. Am besten pflanzt man sie in Parallelen, die nicht vom Blattwerk anderer Gewächse gestört werden. Besonders geeignet sind die panaschierten Formen wie die weiß-taubengraue *Iris pallida* 'Argentea Variegata' oder die creme-goldene *I.p.* 'Variegata'. Beide machen sich gut vor dem dunklen Blattwerk von Sträuchern und krautigen Pflanzen.

Weniger skulpturartig, aber einfacher mit anderen Pflanzen zu kombinieren sind schilfartige Blattformen, die sich bewegen und im Licht schillern. Gut beraten ist man mit einer der farbigen Varietäten von *Iris sibirica*, deren bis zu 90 cm lange, zarte Blätter als »Fontäne« aus dem Boden hervortreten. Sie passen gut zu feuchtigkeitliebenden Pflanzen wie der Gelben Schwertlilie *(Iris pseudacorus)* und dem bogig schwingenden panaschierten Gras *Glyceria maxima* 'Variegata'.

Vielseitig ist die Taglilie *(Hemerocallis)*, deren glänzende schilfartige Blätter mit verschiedenen Stauden und auch mit Sträuchern gut aussehen, wobei man die Taglilien am Rand pflanzen, aber auch in ein Beet »einweben« kann. *Libertia formosa* ist fast ebenso vielseitig, benötigt aber viel Sonne. Ihre einfachen weißen Blütenstände und glänzenden grasfontänenartigen Blätter wirken im Brokatmuster anderer Pflanzen besonders reizvoll. Clivien und Schmucklilien mit bandartigen Blättern lassen sich mit anderen Stauden kombinieren, ihr dekoratives Blattwerk eignet sich aber auch zur Bodendeckung.

Wer hohes, fließendes Blattwerk bevorzugt, sollte das jedes Jahr wieder bis zu 2 m hoch werdende Amur-Silbergras *(Miscanthus sacchariflorus)* sowie das bis 4,5 m hohe *Arundo donax* in Betracht ziehen. Auch Varietäten von *Miscanthus sinensis* bilden Blattfontänen. In einem Ziergrasbeet passen dazu andere schwingende Gräser, so z.B. die immergrüne Segge *Carex oshimensis* 'Variegata' oder auch das zarte *Milium effusum* 'Aureum', die Rasenschmiele *(Deschampsia cespitosa)* und das Goldbandleistengras (*Spartina pectinata* 'Aureomarginata').

Rechts oben

In diesem subtropischen Garten gedeihen Palmen neben Strelitzien, Callas und *Cyperus papyrus*.

Rechts Mitte

Eine blühende *Aloë dichotoma* ist von stacheligen Yuccas, Echeverien und anderen Aloen umgeben.

Rechts

Die starrblättrigen *Phormium* 'Maori Sunrise', *P.* 'Guardsman' und *Yucca thompsoniana* behalten ihre markante Stachelform das ganze Jahr.

Kuppelförmige Pflanzen Viele Pflanzen wirken ebenso dreidimensional und kraftvoll wie Gestaltungselemente aus Stein. Buchsbaum, Myrte, Eiben und einige andere Arten lassen sich durch Beschneiden in die gewünschte Form bringen. Den gleichen Zweck erfüllt die von Natur aus runde Wuchsform mancher Pflanzen. Viele kuppelförmige Pflanzen, u.a. Kakteen, Strauchveronika *(Hebe),* Heiligenkraut und Lavendel, wachsen langsam und sind immergrün und windresistent.

Ein vielseitiger rundlicher Strauch ist *Viburnum davidii*, dessen große Blätter eine deutliche, fast parallele Nervatur aufweisen, ganz anders als die winzigen Blättchen des Buchsbaums und der kleineren Strauchveronika- und Myrtensorten. Der dunkelglänzende immergrüne Strauch gibt einen guten Hintergrund für die zarteren Blätter von Pflanzen wie *Artemisia* ab, und seine kompakte Gestalt kommt eher formlosen Sträuchern wie Weigelien zustatten. Man sollte auch kleinere, von Natur aus rundliche Koniferen und die winzigen roten Kugeln von *Berberis thunbergii* 'Bagatelle' einbeziehen.

Die etwas weniger strengen Formen mancher blühenden Sträucher, z.B. *Potentilla fruticosa*, wirken ebenfalls relativ statisch und rundlich. Diese Pflanzen beleben im Sommer drei bis vier Monate lang Strauchbeete mit ihren Blüten, deren Farben von Weiß über Creme bis Gelb, Orange und – bei neueren Züchtungen – Rot reichen. Die Blüten der immergrünen Zistrosen sind primelförmig, aber größer. Nicht alle Sorten gedeihen in kühleren Klimaten, doch *Cistus* × *hybridus* (syn. *C.* × *corbariensis*) mit seinen dunklen rötlichen Blütenknospen, die sich zu weißen, gelbgrundigen Blüten öffnen, verträgt (mäßige) Minustemperaturen. Gleiches gilt für *C. skanbergii* mit seinen schmalen grauen Blättern und zarten rosafarbenen Blüten. Ebenso reizvoll wirken die Orangenblumen *Choisya ternata* und *C.* 'Aztec Pearl' mit ihren glänzenden immergrünen Blättern. Erstere erreicht einen Durchmesser von 2,5 m, letztere ist etwas kleiner. Beide haben aromatische Blätter und

Links oben

Rund geschnittene *Santolina pinnata neapolitana* 'Edward Bowles' grenzt ein Beet mit *Sidalcea* 'Rose Queen' und *Artemisia lactiflora* (mit dunkelgrünen gezähnten Blättern) zu einem Kiesweg ab.

Links

Kuppelförmige Pflanzen, von denen viele durch Beschneiden in Form gehalten werden, prägen diesen Garten. *Erigeron karvinskianus*, *Ballota acetabulosa*, Rosmarin und Heiligenkraut wachsen vor den von Natur aus kugeligen Blüten von *Euphorbia characias*.

duftende, sternförmige weiße Blüten im Frühjahr und mit etwas Glück nochmals im Herbst.

Mit Formschnitten kann man alle denkbaren Formen gestalten. *Buxus microphylla* 'Green Pillow' ist von Natur aus rund, doch alle Buchsbaumsorten lassen sich zu geometrischen Formen oder Skulpturen gestalten, ebenso die dichtbelaubten immergrünen *Lonicera*-Sorten. Auch Lavendel wie *Lavandula angustifolia* 'Hidcote' oder Zypressenkraut *(Santolina chamaecyparissus)* kann man kuppelförmig beschneiden und dicht an dicht als Bodendecker zur Begrenzung von Rosen- oder Kräuterbeeten verwenden. Die immergrüne Wolfsmilch *Euphorbia characias wulfenii* bringt im Frühjahr kugelige gelbgrüne Blütenstände hervor.

Es gibt auch einige krautige Stauden mit rundlicher Form. Dazu gehören Köpfchenblütler wie *Erigeron karvinskianus*, *Coreopsis verticillata* und *Anthemis punctata cupaniana*. Margeriten (*Argyranthemum frutescens*, syn. *Chrysanthemum frutescens*) wirken ebenfalls kuppelförmig, ebenso einige Storchschnäbel, doch nicht alle sind formstabil. Man sollte Varietäten von *Geranium renardii*, *G. sylvaticum* und *G. sanguineum* wählen. Auf einer höheren Ebene greifen die wolkigen Dolden des Kunigundenkrauts *(Eupatorium purpureum)* die Kuppelform auf.

Einige rundliche Pflanzen »öffnen« sich nach oben und wirken daher schüsselförmig. Hartriegel *(Cornus)* sind im Winter sehr beliebt, wenn ihre Formen klar zutage treten. Ihre bunten Stengel, deren Farbenspektrum von Hellgrün über Gelb bis Rot reicht, bringen Farbe in die kalte Jahreszeit. Wenn man die Sträucher im Frühjahr bis auf Bodenniveau zurückschneidet, wachsen sie immer wieder von der Mitte her kurvig gebogen zu voller Höhe nach oben. *C. stolonifera* 'Flaviramea' bringt grüne und gelbe Sprosse hervor, *C. alba* und seine Varietäten haben tiefrote Zweige. Alle wirken sehr gut zusammen mit *C. a.* 'Kesselringii' mit dunkelvioletten Ästchen und in einem etwas wilderen Garten mit Holunder, wilden Rosen, Schneeball und Weiden.

Rechts oben

Sehr statisch wirken die präzise hügelig beschnittenen Heiligenkräuter *(Santolina)* und Berufkräuter *(Erigeron)* in diesem Garten. Die Blütenpracht tut der Form keinen Abbruch. Die rosa-weißen Köpfchenblüten von *Erigeron karvinskianus* erscheinen im Sommer und im Herbst.

Rechts

Die Säulenform dieses hohen *Trichocereus pasacana* erhebt sich aus einem Meer kugelförmiger *Echinocactus grusonii* und belebt die Szenerie. Das helle Sonnenlicht verstärkt modellierend die Wirkung.

Projekt: Themengarten Kugelformen Kugelformen bestimmen das Aussehen dieses Gartenteils, der zu einer größeren Anlage in Nordkalifornien gehört. In der künstlerischen Anordnung drückt sich das ästhetische Empfinden des Besitzers aus. Die Wirkung des Gesamtbildes beruht auf Wiederholung und architektonischen Formen. Das Stück Garten ist mit Sorgfalt bepflanzt, und alle Pflanzen sind in ihren Proportionen perfekt aufeinander abgestimmt.

Die Kugelformen liefern vor allem verschiedene Heiligenkräuter, darunter die moosgrüne *Santolina rosmarinifolia* (syn. *S. viridis*), *S. pinnata* und die silberblättrige *S. chamaecyparissus* 'Lemon Queen'. Im Vordergrund ist die Winde *Convolvulus cneorum* auf Kugelform getrimmt; das gleiche gilt für die aufgrund ihres dichten Wuchses ausgewählten Lavendelbüsche (u.a. die dichte kleinblättrige *Lavandula angustifolia* 'Hidcote' und der Schopflavendel *L. stoechas* 'Otto Quast').

Die natürliche Wuchsform von *Erigeron karvinskianus* ist weniger streng als die der Heiligenkräuter und des Lavendels, aber dennoch kuppelförmig; sie mildert die formale Strenge der Anlage. *Ballota acetabulosa* wirkt ähnlich, muß aber nach der Blüte beschnitten werden. Die kompakte Kugeldistel *Echinops ritro* 'Veitch's Blue' hat große kugelige Blütenköpfe, der Rosmarin (*Rosmarinus officinalis* 'Tuscan Blue') greift die aufrechte Wuchsform auf. Die immergrüne Wolfsmilch *Euphorbia characias wulfenii* fügt sich durch ihre kugeligen Blütenstände in das Grundschema.

Wichtig ist bei diesem Themengarten auch die Oberflächenstruktur. Die moosigen Heiligenkräuter, die wollige Weichheit der grauen *Ballota* und der Katzenminze (*Nepeta*) schlucken – ebenso wie die Sandsteinkugel – Licht. Nur die satinartig glänzenden Blätter von *Convolvulus cneorum* reflektieren Licht. Der Boden zwischen den Wegplatten ist mit einem samtigem Teppich von *Thymus serpyllum* 'Minimus' bedeckt.

Neue Anlage (unten) Dieser Garten befindet sich in einem ehemaligen Sumpfgebiet. Das Bodenniveau wurde um etwa 30 cm erhöht und durch Drainage entwässert. Mit Truthahndung und Holzhäcksel vermischte Erde wurde aufgeschüttet. Der Boden ist nun eher trocken und damit für die gewählte mediterrane Bepflanzung geeignet.

Frisch bepflanzt

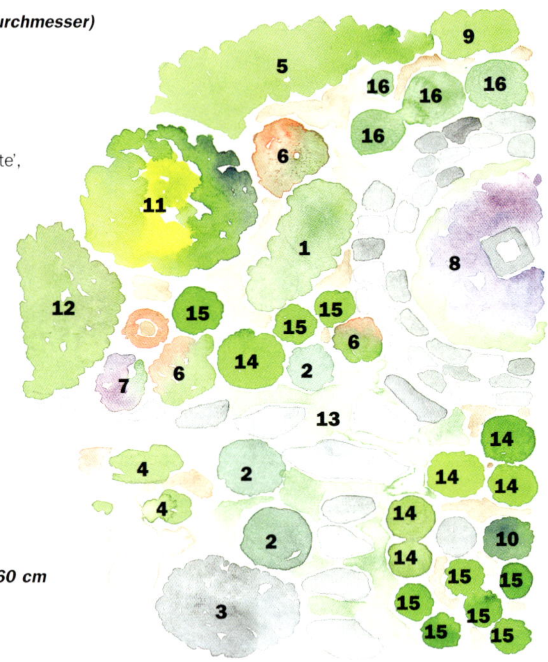

ERKLÄRUNG ***(H = Höhe; D = Durchmesser)***

1 *Ballota acetabulosa*, ***H und D: 60 cm***

2 *Lavandula angustifolia* 'Hidcote', ***H und D: 75 cm***

3 *Convolvulus cneorum*, ***H und D: 75 cm***

4 *Lotus hirsutus*, ***H und D: 60 cm***

5 *Prunus lusitanica*, ***H und D: 6–10 m***

6 *Erigeron karvinskianus*, ***H und D: 10–15 cm***

7 *Lavandula stoechas* 'Otto Quast', ***H und D: 60 cm***

8 *Nepeta racemosa*, ***H und D: 60 cm***

9 *Pittosporum tenuifolium*, ***H: 6 m; D: 3 m***

10 *Echinops ritro* 'Veitch's Blue', ***H: 1,2 m; D: 75 cm***

11 *Euphorbia characias wulfenii*, ***H und D: 1,2 m***

12 *Rosmarinus officinalis* 'Tuscan Blue', ***H und D: 1,8 m***

13 *Thymus serpyllum* 'Minimus', ***H: 5 cm***

14 *Santolina pinnata*, ***H: 75 cm; D: 90 cm***

15 *Santolina rosmarinifolia rosmarinifolia*, ***H: 60 cm; D: 90 cm***

16 *Santolina chamaecyparissus* 'Lemon Queen', ***H: 75 cm; D: 90 cm***

Die Farben des Gartens beschränken sich auf eine Mischung aus grünen und silbergrauen Blättern mit zarten, gedämpften Blütentönen: Pastellfarben und Blautöne wie bei den zarten Blüten der graublättrigen Katzenminze harmonieren mit dem kühlen Gelb und Creme der *Santolina*-Blüten. Am kräftigsten gefärbt sind die limonengelben Wolfsmilchköpfe und die purpurvioletten Lavendelblüten.

Das Erscheinungsbild dieses Gartens ist von bestimmten Maßstäben und Dimensionen geprägt, da alle kugelförmigen Pflanzen regelmäßig beschnitten werden. Eine Bretterwand schützt vor Windböen, die über die Halbinsel hinwegfegen, auf der der Garten liegt. Seine statische Wirkung jedoch beruht vor allem auf der Gestaltung.

Zweiter Sommer (rechts) Von oben erkennt man im fertigen Garten deutlich die Entwicklung der runden Grundform. Es wurde sorgfältig auf Details geachtet. Die von Natur aus eher flachen Heiligenkräuter wurden rundlich beschnitten. Durch ihr wiederholtes Auftreten an mehreren Stellen im Garten ergibt sich ein augenfälliges rhythmisches Muster. Ihre Form wird nicht nur durch andere kuppelförmige Pflanzen, sondern auch mit der Steinkugel, dem Pflasterweg, dem Trittsteinmäander und dem bauchigen Terrakottatopf aufgegriffen.

Zweiter Sommer (links) Im warmen Klima Kaliforniens konnte sich der Garten rasch entwickeln. Hier sieht man ihn im Sommer. Die silberblättrigen Heiligenkräuter kommen wirkungsvoll zur Geltung, die Oberflächen von Stein und Holz fügen sich harmonisch ins Bild. Die Gestaltung lebt von der Wiederholung, doch Einzelexemplare wie die weiße Winde *Convolvulus cneorum* und die purpurfarben blühende Katzenminze *Nepeta racemosa* treten attraktiv hervor.

TEXTUR UND MUSTER

Formen spielen bei der Gartengestaltung eine große Rolle, doch ebensowichtig sind die Oberflächenstrukturen (Texturen) und Muster der Pflanzen. Es gibt rauhe, wollige und samtige Pflanzen, satinartig glänzende und solche mit einer Oberfläche wie weiches Handschuhleder. Diese Oberflächenstrukturen können wir fühlen, aber sie wirken auch über das Auge.

Bei den Mustern spielen Ordnung und Rhythmus eine Rolle – ob es sich um künstliche Muster aus Linien, Rechtecken und Kreisen handelt oder um natürliche, die durch eher zufällige Wiederholung entstehen, wie die doppelt gefiederten Blätter von Eschen oder die konzentrischen Kreise von Pompondahlien. Muster erhöhen den dekorativen Effekt, sie wirken optisch, aber weniger als Erfahrung aller Sinne wie die Texturen.

Links

Warme Farben: mahagonifarbene *Iris* 'Kent Pride' zusammen mit Schöterich, Akelei, Storchschnabel, Purpurglöckchen und bronzefarbenem Fenchel.

Oben

Dieses Staudenbeet präsentiert eine Vielfalt von Texturen, u.a. üppige Gräser, zart behaarte Fruchtstände und samtige Schafgarbenblüten.

TEXTURWIRKUNG

Wir alle reagieren auf Oberflächenstrukturen, die wir über unseren Tastsinn wahrnehmen. Vor allem Kinder fühlen sich von taktilen Texturen magisch angezogen: Sie lassen die Finger durchs Gras gleiten, zupfen die Blätter von Wollziest ab und streichen sich mit deren filzig-weicher Oberfläche über die Wange, brechen die stacheligen Eßkastanienschalen auf, um das samtweiche Innere anzufassen, streicheln Weidenkätzchen. An solche Tasterfahrungen erinnern wir uns als Erwachsene; sie spielen bei der Auswahl unserer Zierpflanzen eine Rolle. In Mengen angepflanzt verlieren Pflanzen, die eine taktile Qualität aufweisen, ihren Reiz und wirken langweilig. Man sollte sie daher mit neutraleren Partnern wie Storchschnabel, Mädesüß oder Purpurglöckchen kombinieren.

Doch nicht alle Oberflächen sind angenehm weich und einladend flauschig. Es gibt rauhe, kantige und auch auf Abwehr angelegte stachelige. Solche Spannungen aber machen das Leben aus. Einförmigkeit ist langweilig und regt weder die Phantasie noch die Kreativität an. Daher bringt die Gegenüberstellung unterschiedlicher Texturen einen lebendigen Dialog in den Garten. Als Leitmotiv dienen schlichtere Blätter, die nicht auffallen und für einen ruhigen Grundton sorgen. Sie bilden den Hintergrund für Kontrastelemente wie stachelige Stranddisteln *(Eryngium)* und weichen Frauenmantel *(Alchemilla mollis)*.

Die Oberflächenstruktur von Blättern und Blüten kann sich auch auf die Farbintensität und unsere Farbwahrnehmung auswirken. Wir empfinden Farben als kalt oder warm, einladend oder abweisend. Es ist bekannt, daß Samt- oder Satinstoffe Farben tiefer wirken lassen und daß z.B. ein Baumwollstoff, der exakt im gleichen Farbton eingefärbt wurde, niemals genauso zur Geltung kommt. Entsprechend wirken die Blätter der Scheinzypresse *Chamaecyparis obtusa* sattgrün, das offener texturierte Laubwerk der Leyland-Zypresse (× *Cupressocyparis leylandii*) dagegen heller. Auch die intensiv rote Blütenfarbe des beliebten, aber empfindlichen schokoladenduftenden Zweizahns *Cosmos atrosanguineus* geht auf die samtige Struktur der Blütenblätter zurück.

Blaugrüne Funkien wie *Hosta* 'Blue Wedgwood' wirken mit ihren wachsartigen Blättern kühl und architektonisch streng. Dies gilt auch für *Sedum spectabile* 'Iceberg', dessen fleischige Blätter jadegrün und starr erscheinen. *S.* 'Herbstfreude' ist ein Beispiel für eine Pflanze, bei der zwei gegensätzliche Texturen für Kontraste sorgen. Die harten fleischigen Blätter sind pastell-

Rechts oben

Zarte Jungfer im Grünen *(Nigella damascena)* und samtiger Wollziest *(Stachys byzantina)*.

Rechts Mitte

Neben den flauschigen Rispen von *Astilbe* 'Straußenfeder' wirkt die Hortensienblütenkugel kompakt.

Rechts

***Phlomis tuberosa* 'Amazone' mit ihren Wirteln rosavioletter Blüten kontrastiert mit den stacheligen silbernen Blättern einer Eselsdistel *(Onopordum acanthium)*.**

S.45: Oben

Bronzefarbener Fenchel (*Foeniculum vulgare* 'Purpureum') bildet einen zarten Hintergrund für die Blütenkugeln von *Allium hollandicum*.

Unten

Krautige Pflanzen, darunter viele kleinblütige Sorten wie *Knautia macedonica*, Astrantien, Glockenblumen, Stiefmütterchen und Phlox, bilden einen Blütenteppich, aus dem sich Stranddisteln, Weiße Margeriten und *Veronicastrum* erheben.

blaß-klar, die doldigen flachen Blütenköpfe, deren Farbe sich zum Herbst hin von zartem Rosa zu einem kräftigen Bronzeton intensiviert, erscheinen dagegen samtig.

Das Faszinierende an Texturen sind die Kontrasteffekte und die Sinneseindrücke, die sie beim Betrachter hervorrufen. Die deutlich unterschiedlichen Oberflächenstrukturen von Pflanzen in voller Sonne und der Kontrast zwischen ihnen können sehr ansprechend sein. So passen

z.B. die sandigen Blätter von Dickblattgewächsen *(Crassula)*, haarige Dorycnien, seidige *Convolvulus cneorum* und das karge Blattwerk verzweigter Gamander gut zusammen. Im feuchten Schatten sind die Blätter meist größer und die Texturen anders. Gut lassen sich auch die riesigen, herzförmigen behaarten Blätter von *Trachystemon orientalis* mit höheren, farnblattartigen Pflanzen wie der Prachtspiere *Astilbe* 'Professor van der Wielen' kombinieren.

TEXTURKOMBINATIONEN

Nachfolgend werden die wichtigsten taktilen Texturen – grob, stachelig, glatt und wollig – näher betrachtet sowie die Pflanzen, deren Oberflächen vor allem optisch wirken. Wie man Texturen kombiniert, hängt davon ab, ob sie dekorativ wirken oder eine bestimmte Atmosphäre schaffen sollen.

Grobstrukturierte Blätter Gartenpflanzen sind keineswegs immer die »zarten Blumen«, die der Dichter besingt. Viele haben Schutzanpassungen entwickelt, etwa eine Blattoberfläche, die grelles Sonnenlicht reflektieren kann oder bei heftigem Wind vor übermäßiger Verdunstung schützt. Die Ähnlichkeit mit Brennesseln schützt Taubnesseln vor Insektenfraß, die borstigen Blätter der Borretschgewächse wehren Schnecken ab. Stark strukturierte Blätter sind zur Schaffung reizvoller Effekte im Garten unverzichtbar. Glatte Oberflächen kommen oft erst durch solche Kontraste richtig zur Geltung. Außerdem schlucken rauhe Oberflächen Licht und bewirken dadurch eine Atmosphäre der Stille.

Eine besonders rauhe Blattoberfläche weist *Gunnera manicata* auf, deren tiefgeteilte Blätter hervorragend mit glatten Wasserflächen kontrastieren. In Gärten, für die diese Staude zu groß ist, empfiehlt sich Zierrhabarber *(Rheum palmatum)* mit ebenfalls tief geteilten Blättern. Er wirkt am besten neben zartem Straußenfarn *(Matteuccia struthiopteris)*. *Rheum* besitzt zudem hochaufragende Blütenstände, die im Frühsommer zusammen mit dem Blattwerk einen hübschen Kontrast zu den feinfiedrigen Blütendolden von *Thalictrum aquilegifolium* bilden. Die Blätter von *Rodgersia podophylla* passen bestens zu dieser Gruppe. Sie sind bronzefarben, körnig und ledrig und weisen tiefe Einschnitte und Muster auf. Unter feuchtigkeitliebenden Pflanzen fallen sie besonders ins Auge. Sie kontrastieren mit den makellos ordentlich wirkenden Funkien, gewinnen aber auch in Kombination mit der großen *Astilbe rivularis* oder der ähnlich verkupfert wirkenden *A.* 'Superba'. Alle Astilben haben stark texturiertes Laub, das sie zu vielseitigen Partnern für zahlreiche andere Pflanzen macht.

Während die meisten Sträucher glatte Blätter haben, weisen die von *Viburnum rhytidophyllum* eine außergewöhnlich rauhe Oberfläche auf. Dieser immergrüne Strauch wird über 3 m hoch. Seine schmalen Blätter hängen nach unten und weisen ein tiefes Aderrelief auf. Im Wind schlagen sie um und enthüllen den pergamentfarbenen Filz der Stengel. Sicherlich sind grobstrukturierte Pflanzen nicht jedermanns Geschmack, doch in Kombination mit zarteren Partnern bringen sie Kontrast in den Garten.

Ganz links

Riesenrhabarber mit Rhododendren, Azaleen, Funkien, Straußenfarn und Primeln.

Links oben

Die riesigen Blätter von *Gunnera manicata* sind grob geädert und am Rand tief eingeschnitten.

Links

***Rodgersia podophylla*, *R. pinnata* und Funkien haben hübsche, musterbildende Blattformen.**

Rechts oben

Das strukturierte Blattwerk von *Heuchera* 'Palace Purple' schmeichelt den roten *Potentilla*-Blüten.

Rechts Mitte

Wirkungsvolle Blattexturen: *Aegopodium podagraria* 'Variegatum', *Alchemilla mollis* und *Anchusa*.

Rechts

Feine Texturdetails: panaschierte Taubnesselblätter, rosa Steinbrech- und gelbe Euphorbienblüten.

Stachelige Pflanzen Betrachten, aber nicht berühren – dies gilt für eine Vielzahl stacheliger Pflanzen. Sie wirken provokativ und setzen dramatische Akzente im Garten. Einige haben so spitze Stacheln, daß man sich daran verletzen kann; sie sollten daher nicht verwendet werden, wo Kinder spielen. Hierzu gehören die harten, stacheligen Agaven, die Stranddisteln *(Eryngium)* und die spitzen Schwertblätter der Palmlilien, darunter die blaugraugrünen von *Yucca gloriosa* und die gestreiften von *Y. g.* 'Variegata'. Es gibt jedoch auch Pflanzen wie die Artischocken, die zwar gefährlich spitz aussehen, an denen man sich jedoch nicht verletzen kann und die aufgrund ihres Aussehens wirkungsvolle Stachelpflanzen sind (S.54–57).

Echte Stachelpflanzen sind meist an Trockenheit angepaßt. So wachsen Kugeldisteln wie die kompakte blaublühende *Echinops ritro* sowie die höhere und heller blaue *E. bannaticus* 'Taplow Blue' unter den gleichen Umweltbedingungen gut nebeneinander. Die stacheligen Stranddisteln, von *Eryngium agavifolium* mit spitz gezähnten Schwertblättern bis zur weniger gefährlichen, aber ebenso attraktiven *E. bourgatii*, wirken sehr ausdrucksvoll, vor allem wenn man sie mit wohlgeformtem weichem Blattwerk wie dem von Storchschnäbeln oder *Alchemilla mollis* kombiniert. *Eryngium* 'Miss Willmott's Ghost' ist metallfarben, *E. variifolium* bläulich. Beide passen gut zwischen Sommerblumen in ein traditionelles Staudenbeet. An einem warmen, wasserdurchlässigen, kiesigen Standort kann man auch die zweijährige Mariendistel *(Silybum marianum)* mit marmorierten Blättern und stacheligen Blütenköpfen pflanzen. Sie bildet im ersten Jahr marmorierte Rosetten, im zweiten distelartige Blüten.

Stachelige Pflanzen

Acanthus spinosus **(Akanthus)**
1,2 m hohe Staude mit großen, tief eingeschnittenen, zugespitzten dunkelgrünen Blättern und Blütenähren aus röhrenförmigen malvenfarben-weißen Blüten. Halbschattenpflanze.

Echinops bannaticus **'Taplow Blue' (Kugeldistel)**
2,2 m hohe sonnenliebende Staude mit stacheligen Blättern und kugeligen metallisch-blauen Blütenköpfen.

Eryngium bourgatii **(Stranddistel)**
Alle Standdisteln gedeihen an heißen, sonnigen, wasserdurchlässigen Standorten. Die silberblättrige Staude wird 60 cm hoch. Stengel blau überhaucht, attraktive Distelblüten.

Mahonia aquifolium **(Mahonie)**
1,2 m hoher immergrüner Strauch, im Herbst mit rötlichen Blättern und blauschwarzen Beeren. Er hat stachelrandige, glänzende Blätter und im Frühling duftende gelbe Blütenrispen. Im Schatten auch als Bodendecker geeignet.

Oben links
Agave americana **mit ihren stachelig gerandeten Schwertblättern wirkt so statisch wie eine Skulptur.**
Oben rechts
Dunkelgrüne Säulenkakteen kontrastieren hier mit den zarteren silbrigen Stachelblättern von *Puya*.

Oben links
Eine mächtige Agave erhebt sich über einem Teppich bläulicher Rosetten von × *Pachyveria glauca*.
Oben rechts
Eryngium giganteum**, eine besonders hübsche Stachelpflanze, zwischen panaschiertem Beinwell.**

Weniger bedrohlich, aber deutlich stachelig wirken die Samenköpfe der wilden Karden *(Dipsacus)*. Sie eignen sich als Kontrastelemente in einer Anlage mit anderen zweijährigen Wildpflanzen, z.B. Kornblumen mit zerschlissen wirkenden Blüten und seidenpapierartigen Mohnblumen. Man kann sie auch sehr gut mit mehrjährigen Ziergräsern kombinieren, z.B. dem pelzigen *Pennisetum orientale* oder den haferartigen Blütenrispen von *Stipa calamagrostis*. Die riesige Eselsdistel *Onopordum acanthium* ist ebenfalls zweijährig; ihre silbergrauen Blätter sind gefährlich stachelig, und die Pflanze eignet sich nur als Einzelexemplar. Als flach am Boden wachsende Alternative unter sehr heißen Bedingungen bietet sich die Silberdistel *(Carlina acaulis)* an. Kontrastpflanzen zu den Disteln sind der samtige Andorn *(Marrubium vulgare)* und die seidige Winde *Convolvulus cneorum*.

Stachelige Pflanzen

***Olearia* × *macrodonta* (Baumaster)**
Stechpalmenartiger, bis 2,5 m hoher immergrüner Strauch mit golden gemustertem Laub und Büscheln weißer Blütenköpfe. Braucht gut durchlässigen Boden und einen geschützten Standort.

Onopordum acanthium
(Eselsdistel)
Zweijährig, silberne Stachelblätter und rosa Blütenköpfe, bis 1,8 m. Braucht Sonne und durchlässigen Boden.

Osmanthus heterophyllus
(Duftblüte)
Bis 2,5 m hoher Strauch mit grauen Blättern, weißen Köpfchenblüten und stacheligen Blättern mit weißfilziger Unterseite.

Silybum marianum
(Mariendistel)
Zweijährige Pflanze mit weiß marmorierten Stachelblattrosetten und (im zweiten Jahr) bis zu 1,2 m hohen Blütenständen. Wächst auf jedem Boden.

Oben links
***Cynara cardunculus* mit graugrünen, zerschlissen wirkenden Blättern und violetten Distelblütenköpfen.**
Oben rechts
Neben den massigen gelben *Crassula*-Blüten kommen die steifen sukkulenten Aloen gut zur Geltung.

Oben links
Purpurfarbener Lavendel *(Lavandula stoechas)* und rosarote Rosen zwischen stacheligen Stranddisteln.
Oben rechts
Die schmalen sukkulenten Blätter dieser rot überhauchten *Dyckia* tragen am Rand spitze Stacheln.

Die stacheligen Formen der genannten Kräuter und Stauden lassen sich an anderen Stellen im Garten durch Gräser und Sträucher aufgreifen. Mahonien- und Berberitzensträucher tragen gefährlich spitze Dornen. *Berberis julianae* z.B., ein immergrüner Strauch mit duftenden gelben Blüten, ist einer der größten und wehrhaftesten seiner Gattung. Viele Mahonien duften ebenfalls, so auch *Mahonia* × *media* 'Winter Sun'. Berberitzen und Mahonien gedeihen an sonnigen und schattigen Standorten gleichermaßen. Man kann sie daher gut mit Farnen kombinieren oder mit einer dichten Masse der Taglilie *Hemerocallis* 'Stella Ora' umrahmen. Die glänzenden immergrünen Stachelblätter von *Mahonia aquifolium* färben sich im Winter oft rot und setzen so schöne Farbakzente; *M.* × *media* 'Buckland' hat große gezähnte Blätter und aufrechte gelbe Blütenrispen.

Glattblättrige Pflanzen Von glatten, glänzenden Blättern wird das Licht auf andere Stellen im Garten reflektiert, was in schattigen Bereichen von Vorteil ist. Ein gutes Beispiel sind die stark glänzenden immergrünen Blätter des Kirschlorbeers *(Prunus laurocerasus)*. Einige Zuchtformen haben etwas heller grüne, ebenfalls glänzende Blätter, so *P. l.* 'Otto Luyken', den im Spätfrühling weiße Blütenähren schmücken.

Gleichermaßen für schattige Standorte geeignet ist *Fatsia japonica* mit sehr großen, tief eingeschnittenen glänzendgrünen Blättern. Gut wirken alle diese Pflanzen durch eine Kontrastbepflanzung mit *Dryopteris*- und *Polystichum*-Farnen und Zwiebelpflanzen für den Frühling. Die bogig wachsende Staude *Smilacina racemosa* mit ihren endständigen, fiederigen weißen Blütenrispen kann für Aufhellung sorgen, die Glanzwirkung betonen Schaumblüten *(Tiarella)* und Anemonen-Hybriden wie die blaßrosa *Anemone hupehensis* 'September Charm' oder die herbstblühende weiße *A.* × *hybrida* 'Luise Uhink'.

Prachtvoll blühende Rhododendren mit wächsern glänzenden Blättern gedeihen im Halbschatten auf saurem Boden. Dicht gepflanzte glattblättrige *Asplenium*-Farne und glanzblättrige Bodendecker wie *Asarum europaeum* oder *Pachyphragma macrophyllum* passen ebenfalls ins Bild. Wo man größere reflektierende Blätter wünscht, sollte man Nieswurzarten wie die immergrünen *Helleborus argutifolius* und *H. orientalis* in Erwägung ziehen. Auch Schattenblumen *(Maianthemum bifolium)* und *Cornus canadensis* wachsen auf saurem Boden, die immergrüne *Pachysandra* ist ein guter Bodendecker.

Bergenien sind ausgesprochen robust und gedeihen in sonnigen wie in schattigen Lagen. Sie sind ideale Bodendecker und eignen sich auch für eine hübsche Randbepflanzung. Das Farbspektrum ihres üppigen Laubs reicht von Grün bis Rotviolett. Die horstbildende *Bergenia* 'Ballawley' hat dunkelgrüne Blätter, die sich im Winter dunkelrot färben. *B. crassifolia* nimmt in der kalten Jahreszeit eine mahagonibraune Färbung an. *Arum italicum* und einige *Ligularia*-Sorten werden höher und weisen den gleichen attraktiven Glanz auf. *L. dentata* 'Desdemona' schätzt man mehr ihrer bräunlichgrünen, an der Unterseite fast mahagonibraunen Blätter als ihrer orangegelben Köpfchenblüten wegen.

Nicht nur die wächsernen immergrünen Stauden haben einen Hochglanzeffekt. Auch Gräser wie *Miscanthus sinensis* reflektieren das Licht, und Grassorten mit fontänenartig angeordneten Blättern schimmern effektvoll. Glänzende sonnenliebende Pflanzen sind seltener, aber es gibt immerhin einige Vertreter, u.a. die apfelgrüne *Griselinia littoralis*, Ewigblätter *(Aeonium)* und *Pittosporum*, eine Gattung immergrüner Bäume und Sträucher. Mit ihrem frischen Grün bringen sie Leben in Mischpflanzungen, wenn die Laubsträucher verblüht sind und ihre Blätter abgeworfen haben.

Glattblättrige Pflanzen

Asplenium scolopendrium
(syn. *Phyllitis scolopendrium*)
Farn mit langen, ledrig-glatten Blättern. Liebt Schatten und wird 45–75 cm hoch bei einem Durchmesser von 45 cm.

Astilboides tabularis
(syn. *Rodgersia tabularis*)
Große krautige Staude für schattige, eher nasse Standorte. Höhe 90 cm, Durchmesser 45 cm. Die einfachen runden Blätter ähneln Schirmen mit hochgeschlagenem Rand.

***Galax urceolata* (syn. *G. aphylla*)**
Horstbildende immergrüne Staude. Benötigt Schatten und feuchte, torfhaltige saure Erde. Trägt im Frühling schlanke weiße Blütenähren. Die ledrigen rundlichen Blätter werden im Herbst bronzefarben. Höhe 15–20 cm, Durchmesser 30 cm.

Griselinia littoralis
Schnellwüchsiger immergrüner Strauch mit glatten, ovalen apfelgrünen Blättern. Läßt sich als Hecke beschneiden. Gelbgrüne Blüten im Spätfrühling. Höhe bis 6 m, Durchmesser 5 m.

***Macleaya cordata* (Federmohn)**
Ausladende horstbildende Staude für sonnige Lagen. Die großen rundlichen Blätter sind gelappt und bedecken die ganze Länge des Stengels. Im Sommer fiederige bräunliche Blütenrispen. Höhe 1,5 m, Durchmesser 60 cm.

***Prunus laurocerasus* (Kirschlorbeer)**
Großer, robuster immergrüner Strauch mit großen glänzenden Blättern. Anspruchslos und auch als Heckenpflanze geeignet. Höhe bis 6 m, Durchmesser 10 m.

Oben links
Ein Streifen glänzenden immergrünen Bergenienlaubs vor einer herbstlichen *Hamamelis* × *intermedia*.
Links Mitte
Das marmorierte Blattwerk von *Arum italicum* 'Pictum' ist im Winter sehr dekorativ.
Links unten
In einem subtropischen Garten ragen die Blüten von *Hippeastrum* zwischen den glatten, schmalen Blättern hervor.

Oben Mitte
Große, glatte Blätter sind charakteristisch für diese Cannas und die Banane *Musa basjoo*.
Oben rechts
Hinter einem *Phormium* bilden Gruppen grüner und schwarzer Aeonien ein dekoratives Muster.
Großes Bild
Blaue Blüten von *Vinca minor* 'Variegata' zwischen gelbgrüner *Euphorbia*, Farnen und *Acaena*.

Wollige Pflanzen Inmitten der Blüten und Blätter in einem Garten fallen die oft grauen Blätter wolliger Pflanzen besonders ins Auge. In ihren silbernen Flaumhärchen fängt sich das Licht, ihre Weichheit lädt zum Anfassen ein. Solche Pflanzen bilden reizvolle Kontraste zu anderen Texturen und Mustern, wirken aber auch für sich allein. Eine der wohl bekanntesten Pflanzen aus dieser Gruppe ist der Wollziest *(Stachys byzantina)*, im Volksmund Eselsohr genannt. Ebenfalls flaumige Blätter haben *Dorycnium hirsutum*, die samtblättrige *Hydrangea aspera aspera* und das Brandkraut *(Phlomis fruticosa)*. Sie wirken optisch mildernd zwischen stacheligen oder steifen Sträuchern und Stauden oder lockern einen Standort mit eher streng wirkenden Immergrünen auf.

Mit wenigen Ausnahmen benötigen Pflanzen mit grauflaumigen Blättern sehr viel Sonne. Der Flaum schützt die Blätter vor zu starker Sonneneinstrahlung, sie produzieren dadurch aber auch weniger Chlorophyll als sattgrüne, so daß für eine erfolgreiche Photosynthese viel Licht nötig ist. Viele wollige Pflanzen stammen aus subtropischen Klimaten. Salbeipflanzen lieben sonnige Standorte und weisen hübsche Blattstrukturen auf. Die Blätter der Salbeiart *Salvia viridis* z.B. haben eine weiche, daunige Blattoberfläche. Im Sommer erscheinen die Blütenstände aus röhrenförmigen Lippenblüten, die von purpurnen, rosafarbenen oder weißen Hochblättern umschlossen sind.

Kies vermindert die Verdunstung und wird daher von vielen Gärtnern als Bodendeckschicht verwendet. Auf dem groben Kiesuntergrund kommen wollig-weiche Pflanzen gut zur Geltung. Deshalb eignen sich auch Pflanzen mit »steinig« wirkenden Blättern wie Fetthennen *(Sedum)*, Hauswurz *(Sempervivum)* und Echeverien gut als Kontrastpartner für den wolligen Thymian *(Thymus pseudolanuginosus)* oder die kalifornische Wüstengoldaster *(Eriophyllum lanatum)*, eine kissenbildende Staude mit feingeteiltem silbrigem Laub und gelben Korbblüten an grauen Stielen. Zu diesen Pflanzen passen auch *Geranium renardii* mit seinen runden, leicht dauni-

Oben links

Nur wenige Blätter sind so wollig-weich wie die von *Verbascum bombyciferum*, hier neben glattblättrigem *Sedum telephium*.

Oben Mitte

Wollziest *(Stachys byzantina)* mit silbernen Blättern wurde hier mit blauem Ehrenpreis kombiniert.

Oben rechts

Wie die langen Fuchsschwänze von *Amaranthus caudatus* zeigen, können auch Blütenstände überraschend wollig sein.

gen salbeigrauen Blättern und das fiederige, samtige *Tanacetum densum amani.* Zur Abrundung bieten sich einige Flecken Habichtskraut *Hieracium villosum* an, dessen löwenzahnartige gelbe Blüten sich etwa 30 cm über das samtige Graugrün der Blattrosetten erheben.

Im Spätsommer kommt in einem Staudenbeet der zarte Zwergstrauch *Lavandula lanata* wirkungsvoll zur Geltung. Sein wolliges, buschiges Blattwerk ist nahezu rein weiß und kontrastiert auffallend mit den dunkelblauen Blüten. Besonders hübsch wirken sie neben einer Gruppe klarblauer *Salvia nemorosa* 'Ostfriesland' in Verbindung mit mäandrierendem silbernem *Stachys byzantina* 'Silver Carpet' und einigen Streifen Schafgarben mit cremefarbenen Blüten. Alle diese Pflanzen eignen sich für gut durchlässigen Boden, ebenso die kurzlebige, 80 cm hohe *Salvia argentea* mit wolligen weißen Blättern und weißen Helmblüten. Auch einige hohe Schmucklilien und *Campanula persicifolia* machen sich gut in einem solchen Beet.

Besonders wollige Blätter hat die zweijährige Königskerze *Verbascum bombyciferum,* die in den zwei Jahren ihres Lebens ganz unterschiedlich wirkt. Im zweiten Jahr erhebt sich aus der wolligweißen Rosette am Boden ein fast 2 m hoher Stengel mit zitronengelben Blüten. Die Sorte *V. b.* 'Silver Lining' braucht drei Jahre bis zur Blüte, aber ihre Blattrosette wächst in den ersten Jahren enorm. Die Pflanze vermehrt sich selbst durch Samen. Sie paßt gut zum gleichermaßen grauen, hochwüchsigen Kalifornischen Mohn *(Romneya coulteri),* der tiefgeteilte Blätter und im Spätsommer große weiße Blüten mit goldenen Staubfäden trägt. Auch das mehrjährige Eisenkraut *(Verbena bonariensis)* mit hohem, verzweigtem Wuchs harmoniert mit dieser Gruppe. Wird es dicht gepflanzt, bilden seine violettblauen Blütenbüschel im Herbst Farbkleckse, die mit den gelben Königskerzenblüten nicht zu schreiend wirken, wenn man den Kontrast durch einige wollige *Stachys byzantina* 'Primrose Heron' mildert. Eine Alternative ist *Centaurea ruthenica* mit farnartigen Blättern und zitronengelben Blüten.

Oben links
***Phlomis fruticosa* und *Salvia officinalis* 'Purpurascens' haben samtige Blätter, während die von *Macleaya cordata* glatt wie Leder sind.**
Oben Mitte
Die rosa überhauchten Blätter von *Salvia officinalis* 'Tricolor' fühlen sich besonders weich an.
Oben rechts
Die samtigen Blüten von *Sedum spectabile* harmonieren mit den weichen Wollziestblättern und den glatten Blättern von *Bergenia* 'Morgenröte'.

Texturen mit optischer Wirkung Viele Oberflächenstrukturen sprechen mehr das Auge als den Tastsinn an. Dazu gehören stachelig anmutende Pflanzen wie Neuseeländer Hanf und Schwertlilien, der architektonisch wirkende Akanthus und die Artischocke *(Cynara cardunculus)*, die gar nicht so stachelig sind, wie sie aussehen. Sie spielen im Garten eine wichtige Rolle, da sie mit ihren plastischen oder linearen Formen als Blickfang im sommerlichen Blütenmeer dienen.

Andere Pflanzen wiederum haben eher unauffällige, zarte Formen und verleihen dem Gesamtbild eine ruhige Komponente. Hinsichtlich ihrer Ausstrahlung ergänzen mitunter zarte und kräftige Pflanzen einander effektvoll. Die filigranen Blattstrukturen von Wermut, Farnen wie *Polystichum aculeatum* und 'Crispa'-Varianten von *Dryopteris affinis* sowie die duftigen Blüten von Schleierkraut *(Gypsophila)* können die Strenge von Palmlilien und Stranddisteln wirkungsvoll mildern.

Unter den Blattpflanzen sind vor allem die verschiedenen *Artemisia*-Sorten mit ihrem farnähnlichen Laub beliebt. Sie gedeihen an sonnigen Standorten mit durchlässigem Boden und sind als Partner für skulpturale Pflanzen wie *Euphorbia characias*, die stachelige *Salvia nemorosa* und die statuarischen *Acanthus spinosus* oder *A. mollis* unübertroffen. Das silbrigweiße Blattwerk von *Artemisia arborescens* 'Faith Raven' z.B. wirkt zwischen schweren Hügeln aus weißblühenden Zistrosen oder *Carpenteria californica* sehr zart. Pflanzenarten und -sorten mit ähnlichen Farben unterscheiden sich oft nur durch ihre Texturen. Besonders deutlich wird dies bei einer Kombination des nahezu weißen, zarten Blattwerks von *Artemisia alba* 'Canescens' mit der silbrig schimmernden Winde *Convolvulus cneorum*.

Fenchel *(Foeniculum vulgare)* mit seinen filigranen Blättern ist in einer Rabatte ebenfalls sehr wirkungsvoll. Subtile Effekte erzielt man z.B. mit dem bronzefarbenen *Foeniculum vulgare* 'Purpureum' als Hintergrund für die auffällig gefärbte Sonnenbraut *Helenium* 'Copper Spray' oder indem man grünen Fenchel neben *Phygelius aequalis* 'Yellow Trumpet' pflanzt. Fenchel paßt auch ausgezeichnet zu einfachen Blütenformen

Links oben

Die diffusen blaßvioletten Blütenstände von *Perovskia atriplicifolia* bilden einen Kontrast zu den glatten Blüten von *Lavatera assurgentiflora* 'Barnsley'.

Links Mitte

Samtige aprikosenfarbene Schafgarben-Blütendolden, davor flauschige *Clematis*-Früchte.

Links

Die rauhen grün-weiß-rosa panaschierten Blätter der Taubnessel (*Lamium maculatum* 'Beacon Silver') kontrastieren mit den filigranen Strukturen von *Artemisia* 'Powis Castle' und *A. ludoviciana* 'Valerie Finnis'. Die Silberfarbe der Blätter schafft Verbindungen und läßt die Strukturen stärker wirken.

Rechts

Diese sommerliche Rabatte ist in Grüntönen gehalten und wirkt vor allem durch die Strukturen der unterschiedlichen Blattformen. Bestimmend für die Optik ist das zarte Netz aus grünem Fenchel *(Foeniculum vulgare)*, das einen idealen Hintergrund für die kräftiger wirkenden Pflanzen in der Rabatte bildet. Zu diesen gehören die gelben Blütenähren der Lupinen ebenso wie das goldgelbe Laub von Oregano, der in regelmäßigen Abständen am Rand der Rabatte gepflanzt wurde. Die Kräuter wachsen über den Kiesweg, verdecken so die Beetkante und schaffen ein Wiederholungsmuster.

und wird oft als füllender Hintergrund in Staudenbeeten verwendet. An sonnigen Standorten kann man die hauchzarten apfelgrünen Blätter von Spargel *(Asparagus officinalis)* mit den samtigen grauen Blättern des Salbeis *(Salvia officinalis)* kombinieren. Die schnell wachsende einjährige Jungfer im Grünen *(Nigella damascena)* trägt blaue oder weiße Blüten und wirkt besonders hübsch zusammen mit purpurfarbenem Salbei (*S. officinalis* 'Purpurascens'). Sie paßt zum einen dank ihrer fiederig-zarten Blätter ins Bild, zum anderen wegen ihrer später im Jahr auftretenden rotbraun gestreiften Samenkapseln.

In Ländern mit trockenem, heißem Klima verhindern die nadeldünnen Blätter von Pflanzen wie der Tamariske (*Tamarix ramosissima*, syn. *T. pentandra*) den Wasserverlust und lassen den ganzen Baum unwirklich zart erscheinen. Hierzu passen von Natur aus mediterrane Pflanzen wie Sonnenröschen *(Helianthemum)*, Lavendel, Heiligenkraut und Rosmarin am Boden oder als Kontrastelemente Agaven, Keulenlilien *(Cordyline)* oder Palmlilien *(Yucca)*. Jede Pflanze, die 'Laciniata' als Namensbestandteil trägt, hat schmale, tiefgeteilte Blätter. So haben *Sambucus nigra* 'Laciniata' und *Rhus glabra* 'Laciniata' fiederiges, feines Laub, das vor allem zwischen den eher skulpturalen Blättern

Oben links

Dieser weiße Garten verdankt seine Wirkung Oberflächen- und Musterkontrasten. Die Blütchen von *Crambe cordifolia* bilden lockere Büsche hinter *Campanula persicifolia alba*, dem fiedrigen Gras *Sorghastrum avenaceum* und *Viola cornuta* 'Alba'.

Oben rechts

***Alchemilla mollis* und rosarote Astilben sorgen in diesem Beet für fiedrige Strukturen.**

Links

In diesem wogenden Pflanzenmeer finden sich u.a. *Monarda* und *Persicaria amplexicaulis*, die sich mit ihren charakteristischen Formen von den lockeren Blütenrispen des Blaustrahlgrases abheben.

Pflanzen mit optischer Textur

***Adiantum venustum* (Frauenhaarfarn)**
Farn mit zartgliedrigen Wedeln, im Frühling hellgrün. Höhe 25 cm, Durchmesser 30 cm. Benötigt feuchten, sauren Boden und Halbschatten.

***Gypsophila paniculata* 'Bristol Fairy'**
Robuste Staude mit feinen, drahtig verzweigten Stengeln, die im Sommer Wolken kleiner weißer Blüten tragen. Höhe bis 75 cm, Durchmesser 45 cm. Liebt sonnige Standorte mit durchlässigem Boden.

***Pinus strobus* 'Radiata'**
Kleine, langsam wachsende Kiefer mit sehr feinen silberblauen Nadeln, aus denen im Frühling lange neue Triebe hervorbrechen. Höhe bis 1,2 m, Durchmesser über 1,5 m.

***Saxifraga fortunei* 'Rubrifolia'**
Langsam wachsende Staude, die man dicht an dicht pflanzen sollte. Die luftigen, lockeren Blütenstände kontrastieren mit den gedrungenen rötlichen Blattrosetten. Höhe und Durchmesser 30 cm. Braucht einen geschützten, schattigen Standort mit feuchtem Boden.

***Stipa gigantea* (Federgras)**
Immergrünes Horstgras mit schmalen Blättern, im Sommer elegante Halme mit silbernen Ährchen mit langen Grannen und herabhängenden Staubfäden. Höhe bis 2,5 m, Durchmesser 90 cm.

Thalictrum aquilegifolium album
Weiße Form der normalerweise lilafarbenen winterharten Staude mit hübschem, zart zerteiltem gräulichem Laub und endständigen Dolden aus fiederigen Blüten. Benötigt Sonne oder Halbschatten und durchlässigen Boden. Höhe bis 1,2 m, Durchmesser 45 cm.

vieler immergrüner *Viburnum*- oder *Prunus*-Sorten sehr gut wirkt. Ebenso stellen fiederige Farne einen idealen Hintergrund für Christrosen und Funkien dar, weil alle diese Pflanzen Schatten und Feuchtigkeit lieben. Texturkombinationen sind immer dann erfolgreich, wenn die gewählten Pflanzen aus ähnlichen Lebensräumen stammen, selbst wenn ihre Heimatländer auf entgegengesetzten Seiten des Erdballs liegen (S.112–131).

Texturen mit starker optischer Wirkung gibt es auch bei einer Reihe von Blütenständen, z.B. denen der Spiersträucher, der schattenliebenden Astilben und des Geißbarts. Die fiedrigen Blütenstände passen hervorragend zu den ledrigen, schweren Blättern von Bergenien oder der geschichteten graphischen Perfektion der größeren Funkien. Auch einige krautige Pflanzen haben locker-leichte Blütenstände. Besonders duftig sind Schleierkraut, Wiesenraute, Katzenminze und *Perovskia.* In sonnigen Lagen bringen sie einen Hauch von Spitze in üppige Rabatten mit vielfältigen Mustern und Formen.

Die Blüten des Perückenstrauchs *(Cotinus coggygria)* wirken wolkig und ergänzen dichte Sträucher wie die graufilzig beblätterte Baumaster *Olearia* × *macrodonta* um eine reizvolle Dimension. Das von Frühling bis Herbst blühende Schleierkraut ist die wohl ätherischste unter diesen Blumen; Namen wie 'Rosenschleier' oder 'Bristol Fairy' (Bristol-Fee) weisen darauf hin.

Vom Spätfrühling bis Frühsommer tragen Purpurglöckchen am Rand der Rabatte lockere Rispen zarter Blütenglöckchen. Im Hochsommer ist die Katzenminze in Trauben zarter blaßblauer Blüten gehüllt, später im Jahr entwickelt *Calamintha nepeta glandulosa* 'White Cloud' dicht über dem Boden winzige Blütchen. Gegen Ende der Blütezeit kontrastiert *Perovskia* 'Blue Spire' mit *Phlox paniculata.*

PFLANZENMUSTER GESTALTEN

In einem Garten finden sich immer Muster, ob sie geplant sind oder nicht. Das Auge nimmt dekorative Rhythmen auf, wenn Pflanzen gleicher oder ähnlicher Form an verschiedenen Stellen im Garten zu finden sind. Auch Ähnlichkeiten bei Blatt- oder Blütenform wirken musterbildend, und charakteristische oder außergewöhnliche Blattformen setzen spektakuläre Akzente.

Das Auge erfaßt Muster jedoch eher zufällig, unbewußt und assoziativ. Auffällige säulenförmige Pflanzen z.B. verbindet es mit den Blütenähren von Diptam *(Dictamnus)* und der etwas flaumigeren aufrechten Prachtscharte *(Liatris spicata)*, an anderen Stellen mit den flaschenbürstenartigen Blütenkolben von *Kniphofia*. Flecken von *Veronicastrum virginicum* oder *V.v. album* finden eine optische Entsprechung in dichtgepflanztem *Salvia nemorosa* 'Ostfriesland'. Solche Rhythmen werden auch bei grasartigen Formen wahrgenommen, z.B. bei Schwertlilien und Binsenlilien, Neuseeländer Flachs und Yuccas, *Miscanthus* und Pampasgras. Verbindungen zwischen ausdrucksstarken Blattformen lassen sich u.a. mit dem tief eingeschnittenen grauen Laub der Artischocke und silbergrauem Wermut herstellen.

Im Bereich der Blüten und Blütenstände finden

Der Rhythmus der Wiederholung Es gibt zwei Möglichkeiten, dekorative Rhythmen zu schaffen. Die erste ist das traditionelle geometrische, oft symmetrische Gittermuster: Identische Pflanzen wiederholen sich in gleichen Abständen, oder Hecken begrenzen Beete und schaffen so geometrische Harmonie. Mathematisch präzise wirken z.B. kreisförmig gepflanzte Schleifenblumen, Maßliebchen oder Zinnien, umrahmt mit graublättriger *Artemisia stelleriana*.

Oben links

***Rosa* 'Iceberg', im Wechsel mit silberner *Cynara cardunculus* gepflanzt, schafft ein Wiederholungsmuster.**

Oben rechts

Die schmalen Blätter des *Carex*-Grases nehmen die stattliche Form eines *Phormium* 'Sundowner' auf.

S.59: Kleines Bild

Punktierte Streifen aus Goldkamille, *Santolina pinnata neapolitana* und *Anthemis tinctoria* 'E.C. Buxton'.

Großes Bild

Wiederholungseffekt durch Blütenähren von *Verbascum chaixii*, Kreuzkraut, Lupinen und Rittersporn.

einjährige Stockrosen *(Alcea rosea)* ihre Entsprechung in zweijährigen Königskerzen und die duftigen Blütenrispen des Geißbarts *(Aruncus dioicus)* in der weißen *Astilbe* 'Snowdrift' oder *A.* 'Weiße Gloria'. Die Kugeldistel *Echinops bannaticus* 'Taplow Blue' mit ihren blauen Blütenkugeln überragt das sommerliche Blütenmeer und wirkt als »Echo« des riesigen *Allium giganteum* oder des kleineren *A. hollandicum* 'Purple Sensation'. An feuchteren Standorten ergibt sich im Frühling die Verbindung zwischen Kugelprimeln *(Primula denticulata)* mit rundlichen lila Blüten und Etagenprimeln, deren Blüten in stufigen Wirteln angeordnet sind. Zwischen feuchtigkeitliebenden Farnen wirken diese Rhythmen zauberhaft.

Besonders effektiv lassen sich Muster mit kleineren Blumen gestalten. Die Korbblüten etwa von *Coreopsis*, *Rudbeckia* und *Chrysanthemum* finden ihren Widerhall in gleichartigen Blütenformen überall im Garten, und manche krautigen Pflanzen weisen eine so dichte Blütenfülle auf, daß sie als dekoratives Punktmuster wirken. Hierzu gehören die knopfartigen zitronengelben Blüten von *Santolina rosmarinifolia rosmarinifolia* und die weißen Blütenköpfchen von *Achillea ptarmica* 'The Pearl'. Aus der Ferne erscheinen die Blüten mancher Sträucher, z.B. Rosen, Fingersträucher und Zistrosen, als Punkte.

Charakteristisches Blattwerk Die von charakteristischem Blattwerk gebildeten Muster sind langlebiger als Blumenmuster und daher von besonderer Bedeutung. Es gibt runde, lange, schlanke, ovale, pfeilförmige und herzförmige Blätter. Die Details der Blattformen schaffen ebenfalls Muster, d.h., ob die Blätter tief eingeschnitten, paarig oder unpaarig gefiedert oder fächerförmig sind.

Auch Gräser und schilfartige Blätter spielen eine Rolle: Sie sorgen für klare Streifenmuster zwischen anderen Blattformen. Genannt seien die hohe, schlanke *Crocosmia* 'Golden Fleece' und die kleine gestreifte *C.* 'Jackanapes'. Die steifen Blätter von *Sisyrinchium striatum* und die lockereren, glänzenden *Hemerocallis*-Horste wirken ansprechend zwischen anderen »Sonnenanbetern« wie *Agastache foeniculum* und einigen ausgleichenden *Achillea* 'Anthea'.

Elegant nimmt sich schmales, weidenähnliches Laub aus. Es schwingt im Wind, ist ständig in Bewegung. Weiden *(Salix)* mit ihren schlanken, dekorativ überlappenden Blättern wirken auflockernd neben massigen Pflanzen wie Schneeball und Rhododendren. *Salix exigua*, kombiniert mit Hartriegeln oder Holunderbüschen, sieht besonders hübsch in einem bäuerlichen Garten aus. Die hängende Zierbirne *Pyrus salicifolia* 'Pendula', ein kleiner Baum mit weidenartigen silbergrauen Blättern, gehört ebenfalls in diese Baumgruppe. Doch nicht alle weidenartigen Blätter bewegen sich im Wind. Das Laub von *Cotoneaster salicifolius* und *Aucuba japonica* 'Salicifolia' z.B. ist starr, aber die schlanke Form wirkt dennoch zwischen weniger interessanten Blattformen belebend.

Von unzähligen kleinen Blättern gebildete feine Muster sind ein ausdrucksstarkes Merkmal vieler Sträucher. Die Blättchen der Felsenmispel *(Cotoneaster horizontalis)* mit ihrem Fischgrätenmuster verleihen der fächerigen Gestalt dieser als Mauerbewuchs hervorragend geeigneten Pflanze Attraktivität. Die unterschiedlichen Wachstumsmuster solcher Pflanzen lassen sich nutzen, um in einem kleinen Garten den Eindruck von Weite zu vermitteln. Wenn man größere Blattmuster im Vordergrund und kleinere im Hintergrund einsetzt, erscheinen die großblättrigen Pflanzen näher und die kleinblättrigen weiter entfernt. So wirkt ein mit vielen winzigen Blättern besetzter *Cotoneaster conspicuus* weiter entfernt als *C. frigidus* mit seinen größeren einfachen Blättern.

Ausgesprochen stilvolle Blätter hat der Germer *Veratrum viride*. Diese Staude und ihre Verwandten *V. nigrum* und *V. album* entwickeln ein dichtes Blattwerk, aus dem sich im Sommer hohe Stengel mit endständigen Rispen tellerförmiger Blüten erheben. Im feuchten Halbschatten wirken die ovalen, gefalteten dunkelgrünen Blätter besonders gut in Kombination mit der knitterblättrigen bronzefarbenen *Rodgersia aesculifolia* und der weicheren *Alchemilla mollis* sowie einem Teppich von *Saxifraga fortunei* 'Rubrifolia'.

Links oben

Saftiggrüne Farnwedel von *Matteuccia struthiopteris* schaffen rhythmische Wiederholungsmuster zwischen tiefgeteilten Storchschnabelblättern.

Links Mitte

Die Blattformen von gelbem *Ribes sanguineum* und panaschiertem *Euonymus fortunei* 'Emerald Gaiety' kontrastieren reizvoll.

Links

Die bereiften Blätter von *Helleborus foetidus* und die blattlosen Zweige von *Cotoneaster horizontalis* ergeben ein hübsches Wintermuster.

Dekorativ sind auch panaschierte Blätter. Sie bringen Helligkeit und Leichtigkeit zwischen eher düstere Immergrüne. Reiche Auswahl hat man hier unter den Zwergmispeln. Die Blätter von *Cotoneaster horizontalis* 'Variegatus' haben weiße Ränder, die sich im Herbst rosa färben. Ähnliche Herbstfärbungen findet man u.a. auch bei *Euonymus fortunei* 'Emerald Gaiety' oder *Fuchsia magellanica* 'Versicolor', deren graugrüne Blätter kupferrote Einschläge aufweisen und die scharlachrot-purpurne Blüten trägt.

Panaschierte Formen kommen auch bei Erdbeeren *(Fragaria)* und vielen anderen Pflanzen vor. Besonders schön sind *Cornus alba* 'Elegantissima' und *C. a.* 'Spaethii', letzterer aufgrund seiner goldenen, im Herbst rosa Panaschierung. Es gibt auch zwei auffallend hübsche Formen von *Iris pallida*: die reinweiß-grau gestreifte *I. p.* 'Argentea Variegata' und *I.p.* 'Aurea Variegata' mit golden panaschierten Blättern. Panaschierte Bodendecker bringen Licht an schattige Standorte; hierzu zählen etliche Efeusorten, die sauren Boden liebende *Pachysandra terminalis* 'Variegata' sowie die 'Variegata'-Form des Geißfußes *(Aegopodium podagraria)*, die sich nicht so unkontrolliert ausbreitet wie ihre Stammform.

Rechts oben

Aus der Ferne zeigt dieser Garten im Abendlicht gedämpfte Farben. Die Komposition aus unterschiedlichen Weiß-, Grün- und Silbertönen lebt von der Vielfalt sich ergänzender und kontrastierender Oberflächenstrukturen und Muster.

Rechts

In einem von Blattpflanzen wie Artischocken und Funkien dominierten Randbeet mit ein paar auflockernden Primeln sorgen die orangefarbenen Blüten der Tigerlilien *(Lilium lancifolium)* für warme Farbtupfer.

Aufsehenerregende Blattformen Sehr große Blätter dominieren so stark, daß Textur und Muster zurücktreten. Die Kombination von runden und spitzen Elementen, Bogenformen, massigen Flecken und hauchzarten Effekten erfordert Orientierungspunkte. Hierfür eignen sich aufsehenerregende Blätter. Sie bringen eine Struktur in Gartenmuster, der man leicht folgen kann, die aber dennoch stilvoll wirkt.

Für sonnige, trockene Standorte eignen sich nur wenige »Blattriesen«, darunter *Crambe cordifolia* mit ihren kohlartigen Blättern, außerdem graulaubige Pflanzen wie *Macleaya cordata*, *Cynara cardunculus* und der üppige jadegrüne *Melianthus major*. Die meisten großblättrigen Pflanzen brauchen viel Feuchtigkeit und gedeihen daher am besten an Teichen und Bächen. *Gunnera manicata* hat Blätter mit einem Durchmesser von 1,5 m. Sie sind tief eingeschnitten, grob geädert und erheben sich bis 2 m über den Boden. Es gibt auch etliche kleinere Pflanzen mit ausgeprägten Blattformen, die ebenfalls viel Wasser benötigen, z.B. das Schildblatt (*Darmera peltata*, syn. *Peltiphyllum peltata*) mit runden Blättern von 35 cm Durchmesser und den Stinkkohl *(Lysichiton americanus)* mit 1,2 m breiten, paddelförmigen Blättern. Beide wirken gut im vertikalen Kontrast mit Gelber Schwertlilie *(Iris pseudacorus)*.

Die runden Blätter von *Astilboides tabularis* (syn. *Rodgersia tabularia*) erreichen bis zu 90 cm Durchmesser. Sie sind hellgrün, stehen wie Tabletts auf bis zu 90 cm hohen Stengeln und ragen dadurch deutlich zwischen anderen Pflanzen heraus. Die stark wuchernde Pestwurz *Petasites japonicus giganteus* kann das Tafelblattmuster an anderer Stelle aufgreifen. Man sollte allerdings darauf achten, daß sie im Wachstum nicht ausufert. Für Teichränder ist auch der majestätische Königsfarn *(Osmunda regalis)* hervorragend geeignet, der im Frühling seine dekorativen Wedel entrollt. All diese Pflanzen kontrastieren gut mit der plastischen Form anderer herausragender »Pflanzenpersönlichkeiten«.

Rodgersia, *Ligularia* und *Hosta* sind ebenfalls dekorativ und strukturierend. Ihre hübsch geformten großen Blätter schmücken besonders kleinere Gärten mit feuchten Böden. *Rodgersia*

Oben links
Die riesigen Blätter dieser *Gunnera manicata* entfalten sich früh im Jahr und dominieren so die Bepflanzung am Rand eines Teichs.

Oben Mitte
Auffällige Blattformen wie die der Artischocke *(Cynara cardunculus)* bilden dekorative silberne Muster, die gut mit *Salvia pratensis* harmonieren.

Oben rechts
Die einfachen rundlichen Blätter von *Ligularia dentata* 'Desdemona' neben *Hosta sieboldiana elegans* kontrastieren mit *Acer palmatum dissectum*.

podophylla ist bronzefarben, *Ligularia dentata* 'Desdemona' dunkelrot, *R. sambucifolia* und *R. pinnata* haben gefiederte Blätter und *L.* 'The Rocket' dreieckige mit gefranstem Rand. Der hellgrüne Straußenfarn *(Matteuccia struthiopteris)* paßt mit seinen 90 cm Höhe ebenfalls ins Bild.

Funkien zeichnen sich durch nahezu perfekt symmetrische Blattformen und üppiges Laub aus, dessen Farbe innerhalb der Gattung von Grün über Blau bis zu Gelbtönen reicht. Die riesenhafte *Hosta sieboldiana elegans* wächst etagenförmig und hat gerippte, fast ledrig wirkende graublaue Blätter. Kombiniert man sie mit den tief eingeschnittenen, im Austrieb bronzefarbenen Blättern von *Rodgersia podophylla* vor einem Hintergrund aus Farnen, kann man prachtvolle Muster gestalten. Die ebenfalls bläuliche *Hosta* 'Blue Angel' hat dickere, tief geriefte Blätter, während die von *H.* 'Blue Wedgwood' spitz zulaufen. Die wächserne Oberfläche von *H. undulata* schafft Riffelmuster, die man durch bodendeckende *Hedera helix* 'Manda's Crested' oder zarte, stark texturierte Astilbenblätter (die unvermeidlichen Partner der glatten, klaren Funkien) aufgreifen kann.

Wer exotische Blattformen liebt, kann auch in den gemäßigten Zonen Palmen mit Yuccas, Keulenlilien und Bambus kombinieren; die Fächerpalme *(Trachycarpus fortunei)* z.B. ist zumindest bedingt winterhart. Die genannten Formen ergeben ein markantes, stacheliges Muster. Robustere Exoten wie Aralien, Akanthus und Neuseeländer Hanf passen ebenfalls ins Bild. Letzterer eignet sich besonders für kühlere Standorte. Die kräftigen schwertförmigen Blätter sind je nach Sorte grün, rötlich oder panaschiert. Die auffälligen Schwertblätter von *Phormium tenax* lassen sich z.B. gut mit dem ebenfalls großen, imposanten *Melianthus major* kombinieren.

In wärmeren Klimaten bieten sich das Riesenschilfrohr *(Arundo donax)*, die Ingwerlilie *(Hedychium densiflorum)*, der Australische Baumfarn *(Dicksonia antarctica)* und höhere Bambusartige wie *Phyllostachys nigra* an. Bambus kann man mit Bananen *(Musa basjoo)*, Keulenlilien und Cannas kombinieren, die zusätzlich auffällige gelbe, orangefarbene oder rote Blüten tragen.

Oben links

Die orangegerandeten grünen Blätter von *Phormium tenax* 'Aurora' sind auffallend schwertförmig.

Oben Mitte

Die großen, tiefgeteilten und stachelig gerandeten Blätter von *Heracleum mantegazzianum* ergeben ein dekoratives Blattmuster. (Vorsicht: Sensibilisiert bei Berührung gegen Sonne; Folge: Verbrennungen.)

Oben rechts

Der Stinkkohl *(Lysichiton americanus)* entwickelt im Lauf der Wachstumsperiode an feuchten Standorten riesige, paddelförmige Blätter.

Projekt: Ein Grasgarten Den Hintergrund für diesen Garten bilden relativ schnell wachsende Kiefern (*Pinus* sp.). Sie bieten Windschutz, fungieren als dunkle Kulisse für die Pflanzen im Beet und verleihen dem Gesamtbild so optische Stabilität.

Der Garten strahlt Ruhe aus. Die feinen Farbschattierungen der Gräser und anderen grasartigen Blattformen wiederholen sich systematisch über das ganze Beet. Unterschiedliche Oberflächenstrukturen laden zum Berühren ein, so z.B. das Chinesische Federborstengras (*Pennisetum alopecuroides*, syn. *P. compressum*), dessen Blütenstände wie haarige Raupen aussehen, die sich am Ende einer im Wind schwingenden Rute festklammern. Bei bestimmten Lichtverhältnissen, d.h., wenn die feinen Borsten im vollen Licht stehen, wirken diese Grasblüten fast transparent. Auch andere Federborstengräser eignen sich für solch ein Grasbeet, darunter die horstbildende Negerhirse *P. setaceum* (syn. *P. rueppellii*) und das Lampenputzergras *P. villosum* (syn. *P. longistylum*) mit seinen langen Stengeln und rosacremefarbenen Blütenbürsten, die im Winter braun werden.

Im hinteren Bereich der Rabatte befinden sich die größeren Ziergräser *Miscanthus sinensis* und *M. sacchariflorus*, die mehr Platz benötigen als die Federborstengräser. Als robuste krautige Gräser breiten sie sich nur langsam aus, bilden aber mit der Zeit dichte Horste hängender Blätter, aus denen sich Stengel mit fiedrigen silbrigen oder rosabraunen Blütenrispen erheben. Auch das niedrige Pampasgras *Cortaderia selloana* 'Pumila' sorgt für Struktur; seine bis zu 60 cm hohen silbrigen Blütenrispen erheben sich im Spätsommer aus einem Horst bogig auseinanderfallender schmaler, scharfkantiger Grasblätter.

Die übrigen Pflanzen liefern Form- und Texturkontraste, die die bewegte Leichtigkeit der Blüten zur Geltung bringen. Stattliche Grasblatthorste verankern die feinen, fiederigen Strukturen. Die sehr auffälligen schwertförmigen Blätter des immergrünen Neuseeländer Flachses (*Phormium tenax* 'Purpureum') erfüllen eine ähnliche Funktion. Diese klare Ordnung dient im Gesamtkonzept als Stabilitätsfaktor.

Als Kontrast zu den bisher genannten Blattformen wirken die flachen Blütendolden von *Sedum* 'Herbstfreude'. Diese Staude hat ovale, fleischige graue Blätter und im Spätsommer rosarote Blüten. Die Blütenblätter sind weich und samtig und wirken sehr sanft. Im Lauf des Herbstes wird das Rot der Mauerpfefferblüten immer intensiver. Das weinrote *Sedum* 'Ruby Glow' hat feste, gezähnte Blätter, und das fast borstige Laub der silbernen, immergrünen Strohblume *Helichrysum italicum* wirkt ebenfalls als statische Masse. Die Herbstastern *Aster lateriflorus* 'Horizontalis', deren Blätter im Herbst kupferviolett werden können, und die blaue *A.* × *frikartii* 'Mönch' sind zarter strukturiert und tragen im Spätsommer hübsche gänseblümchenartige Köpfchenblüten.

Frühling

Frühling (rechts) Wenn nach dem Winter die toten Blätter bis zum Boden abgeschnitten wurden, erwacht eine solche Rabatte nur langsam wieder zum Leben. Kleine Frühblüher können Lücken füllen, bis das sommerliche Grün den Platz beansprucht. Zwiebelpflanzen wie der weiße Nickende Milchstern *(Ornithogalum nutans)* und die kleine tiefblaue *Scilla siberica* bedecken bald kahle Erdstellen. Gestutzte immergrüne *Helichrysum* wirken ebenso statisch wie die Fetthennen; die Blätter der kuppelwüchsigen *Ajania pacifica* (syn. *Chrysanthemum pacificum*) akzentuieren den überlappenden Rosettenwuchs dieser Pflanze.

Spätherbst/Winter (rechts) Vorherrschend sind nun strohgelbe, Pergament- und Rotbrauntöne. Die Blätter der Gräser sind zwar tot, aber dennoch hübsch, vor allem wenn sie mit Reif überhaucht oder von Schnee bedeckt sind. Kleine Immergrüne im Vordergrund sorgen für Struktur, während die tiefbraunen Fetthennen einen weichen Kontrast zu den papierartig raschelnden Oberflächenstrukturen darstellen. Der Spaltgriffel *(Schizostylis coccinea)* trägt bis Weihnachten rote Blüten. *Buddleja davidii* 'Black Knight' wurde im Spätherbst zurückgeschnitten.

Sommer (unten) Der Reiz des Grasbeetes entfaltet sich in voller Schönheit im Hochsommer, wenn die langen Blätter und Halme im Wind wogen und Blüten die Szenerie auflockern.

Spätherbst/Winter

ERKLÄRUNG

(H = Höhe; D = Durchmesser)

1 *Buddleja davidii* 'Black Knight', ***H und D: 5 m***

2 *Rosa × odorata* 'Mutabilis', ***H und D: 3 m***

3 *Cortaderia selloana* 'Pumila', ***H: 2,5 m; D: 1,2 m***

4 *Aster × frikartii* 'Mönch', ***H: 75 cm; D: 45 cm***

5 *Sedum* 'Herbstfreude', ***H und D: 60 cm***

6 *Helichrysum italicum,* ***H: 60 cm; D: 90 cm***

7 *Ajania pacifica*, ***H und D: 45 cm***

8 *Sedum* 'Ruby Glow', ***H und D: 45 cm***

9 *Pennisetum alopecuroides,* ***H: 90 cm; D: 45 cm***

10 *Aster lateriflorus* 'Horizontalis', ***H: 60 cm; D: 45 cm***

11 *Miscanthus sacchariflorus,* ***H: 2,5 m; D: 90 cm***

12 *Miscanthus sinensis* 'Morning Light', ***H: 1,2 m; D: 45 cm***

13 *Artemisia alba* 'Canescens', ***H und D: 30 cm***

14 *Scilla siberica*, ***H: 10–15 cm; D: 5 cm***

15 *Ornithogalum nutans,* ***H: 15–35 cm; D: 8–10 cm***

16 *Phormium tenax* 'Purpureum', ***H: 3 m; D: 90–180 cm***

17 *Berberis thunbergii* 'Bagatelle', ***H und D: 30 cm***

FARBE

Farbe erfreut das Auge, drückt Stimmungen aus und zeigt die Jahreszeiten an. Durch Farbkombinationen lassen sich ruhige oder aufregende Effekte in den Garten bringen. Allgemeingültige Regeln kann man nicht aufstellen, denn Farbschattierungen sind nicht konstant, die Verhältnisse der Farbtöne untereinander instabil und die »Gesetze« der

Farbharmonie fließend. Das liegt z.T. daran, daß unsere Farbwahrnehmung subjektiv ist; Farbe kann für jeden Betrachter einen anderen Wert haben. Außerdem beeinflussen benachbarte Farbtöne einander, und wechselnder Lichteinfall bewirkt Veränderungen. Indem man mit diesen Komponenten spielt, lassen sich ganz neue Dimensionen in den Garten bringen.

Links
***Crocosmia*, *Potentilla*, *Dahlia*, *Penstemon* (rot), *Achillea* (orange) sowie rotes Berberitzenlaub prägen dieses Randbeet.**

Oben
Rosa *Dierama pulcherrimum* und *Schizostylis coccinea* 'Mrs. Hegarty' harmonieren mit silbernem Wermut, weißen Glockenblumen und Schleierkraut.

EINFÜHRUNG IN DIE FARBTHEORIE

Farbe ist eine Qualität des Lichts, genauer: die Strahlungsenergie unterschiedlicher Wellenlängen. Newton entdeckte, daß ein Lichtstrahl abgelenkt wird, wenn er Glas oder Wasser durchdringt, weswegen ein Stock, den man ins Wasser hält, abgeknickt aussieht. Ein weißer Lichtstrahl besteht aus Licht unterschiedlicher Wellenlängen, man kann ihn in seine Farbkomponenten, die Spektralfarben, aufspalten: Rot, Orange, Gelb, Grün, Blau, Indigo und Violett sind die Farben des sichtbaren Lichts.

Drei der Spektralfarben sind vorherrschend und werden daher als Primärfarben bezeichnet: Rot, Gelb und Blau. Die stärksten Kontraste erzielt man, wenn ausschließlich diese Farben verwendet werden, die nebeneinander allerdings oftmals hart und unharmonisch wirken. Durch Mischen der drei Farben Rot, Gelb und Blau erhält man drei weitere Farben des Spektrums. So ergibt Rot mit Gelb die Farbe Orange, Gelb mit Blau ergibt Grün, und Blau mit Rot ergibt Violett. Die drei Sekundärfarben sind somit Orange, Grün und Violett.

Bei unterschiedlichen Mischungsverhältnissen entstehen verschiedene Farbtöne. So reicht das Spektrum bei Grün von Gelbgrün bis Blaugrün. Rot mit wenig Blau erscheint karmesinrot, mit mehr Blau weinrot; Rot mit etwas Gelb erscheint scharlachrot und geht in Richtung Rostrot. Solche Feinheiten erlauben es uns, einzelne Farbschattierungen und Farbtöne im Garten gezielt einzusetzen, um eine bestimmte Atmosphäre zu schaffen (siehe S.74–77).

Darüber hinaus gibt es enge Beziehungen zwischen den drei Primär- und den drei Sekundärfarben. Stellt man eine Primärfarbe neben eine 50:50-Mischung aus den anderen beiden Grundfarben, entsteht eine optische Konkurrenz, die das Auge nicht ohne weiteres bewältigen kann. Diese Konkurrenzfarben nennt man Komplementärfarben. So »springt« Rot in Verbindung mit Mittelgrün den Betrachter »an«; das gleiche gilt für Blau und Orange sowie Gelb und Violett. Das Auge empfindet diese Kombinationen als kraß und fügt eine weiße Linie zwischen den Komplementärfarben ein, die sie optisch trennt und das Wettkampffeld so zwischen beiden aufteilt.

Die Art und Weise, wie unsere Wahrnehmung funktioniert, wirkt sich also entscheidend auf das Farbensehen aus, und unsere verstandesmäßige Farberkennung wird in z.T. paradoxer Weise von der Situation beeinflußt und verändert, in der wir eine Farbe sehen. Jede Farbe ist nur isoliert sie selbst. Sobald eine weitere Farbe ins Blickfeld rückt, wirkt sie anders. Sie hat sich nicht wirklich,

Oben

Violett-braune *Iris* 'Kent Pride', *Heuchera* 'Rachel', *Erysimum* 'Bowles' Mauve' und Akelei mit zartem bronzefarbenem Fenchel.

Oben

Ein weißes Beet mit Tulpen, weißblühendem panaschiertem Silberblatt *(Lunaria annua)*, panaschierten Funkien sowie *Alchemilla mollis*.

Oben

Dunkle Stützbretter und dicke schokoladenfarbene Aeonien kontrastieren hier mit kleinem hellem *Sedum cauticola*.

nicht objektiv verändert, aber die zweite Farbe beeinflußt ihre Erscheinung. Es ist daher von einiger Bedeutung, welche Blatt- und Blütenfarben man im Garten in unmittelbarer Nachbarschaft pflanzt.

Wie schon erwähnt, bewirken nebeneinander plazierte Komplementärfarben einen starken Kontrast. Andererseits kann man durch Kombination im Spektrum benachbarter Farben wie Rot und Orange oder Blau und Grün die Ausdruckskraft jeder der beteiligten Farben verstärken. Mit solchen Effekten hat der Gärtner die Möglichkeit, ähnlich wie ein Maler zu experimentieren und »künstlerisch« zu gestalten. Bei der Gartenplanung gilt es also zu überlegen, welche Wirkung man erzielen will, und diese dann durch die Wahl entsprechender Blatt- und Blütenfarben umzusetzen.

Unten

Wie eine Waldwiese wirkt dieser Garten mit seiner Fülle von Farben und Schattierungen; u.a. findet man hier die Blütenfarben Dunkelviolett, Lila, Rot, Rosa, Blau, Gelb und Weiß. Die Sommerblumen erinnern in ihrer Farbenvielfalt an die Palette eines Malers. Vor dem dunkelgrünen Laubhintergrund blühen u.a. zarte blauviolette Glockenblumen, purpurviolette *Allium*-Kugeln, lila Indianernesseln, dunkelvioletter Salbei, Mohn in Rot- und Rosatönen sowie gelbes Fingerkraut.

LICHT UND SCHATTEN

Ein wesentlicher Gesichtspunkt, den man bei der Gartengestaltung berücksichtigen sollte, ist die Lage der Licht- und Schattenbereiche. Unterschiedliche Lichtgrade wirken sich zum einen darauf aus, welche Pflanzen gedeihen, zum anderen bestimmen sie auch, welche Farben am besten aussehen.

Schatten ist zweifellos ein positiver Aspekt im Garten; er fungiert bei grellem Licht als Oase. Dunkle, geheimnisvolle Schattenbuchten wirken einladend, und es gibt viele schöne Pflanzen, die an solchen geschützten Stellen gedeihen. Die meisten großblättrigen Grünpflanzen brauchen unbedingt Schatten und Feuchtigkeit.

Zu den schattenliebenden Pflanzen gehören z.B. bodendeckende Bergenien mit runden, glänzenden Blättern und Kaukasusvergißmeinnicht *(Brunnera)* mit herzförmigem Laub. Attraktiv wirkt auch die schwertblättrige *Iris foetidissima* mit schlichten gelben Blüten und leuchtend orangefarbenen Winterfrüchten sowie die grasgrüne *Liriope muscari*, die gegen Ende des Jahres tief purpurrote Blüten trägt. Der vielseitige Frauenmantel *(Alchemilla mollis)* mit seinen leicht salbeifarbenen Blättern und limonengrünen

Links oben

Unter diesem Baum mit schokoladenbrauner Rinde stellen blaue *Corydalis flexuosa* 'Père David', rosa *Tiarella*, gelbes *Tanacetum parthenium*, grasartige *Molinia caerulea* sowie panaschierte Jakobsleitern *(Polemonium)* die weichen Pastellfarben.

Links

Rhododendren und Azaleen in Goldgelb, Rot sowie Hell- und Dunkelrosa bringen Farbe in einen »Waldgarten«. Hier wurden die durch das Spiel von Licht und Schatten entstehenden Effekte besonders betont.

Blüten läßt eine solche Bepflanzung sanfter erscheinen. Immergrün *(Vinca minor)* und Taubnesseln *(Lamium)* bringen kleinere Muster sowie neue Blattformen und Farben ins Spiel. Immergrün gibt es mit weißen, blauen und magentaroten Blüten, Taubnesseln auch mit cremefarbenen. Die meisten Gärten haben schattige Fleckchen, an denen hellere Farben besser wirken und stärker leuchten als im grellen Sonnenlicht. Im Abendlicht kommen helle Farben besser zur Geltung; sie erscheinen dann fast fluoreszierend.

Für halbschattige Standorte gibt es heute ein recht umfangreiches Angebot an Pflanzen, die wirkungsvolle Oberflächenstrukturen und ansprechende Blütenfarben aufweisen, doch auch sie brauchen meist viel Feuchtigkeit. Farne, Astilben, Salomonssiegel *(Polygonatum biflorum)* und säuretolerante Bodendecker wie *Asarum europaeum* und *Maianthemum bifolium* sorgen für üppiges Grün. Limonengrüne *Euphorbia amygdaloides robbiae*, grün-weiße Christrosen, blaue Kaukasusvergißmeinnicht, Gedenkemein *(Omphalodes)*, Akelei und Blauglöckchen steuern zarte Frühlingsfarben bei. Später können veilchenblaue *Aconitum* 'Bressingham Spire', rosa, rote oder weiße Astilben und Funkien mit lilafarbenen und weißen Blütenähren folgen. Danach können die weißen oder rosa Hybriden *Anemone hupehensis* 'September Charm' oder *A.* × *hybrida* 'Honorine Jobert' zwischen dem dichten, dunklen Laub von Rhododendren leuchten.

Im Halbschatten auf saurem Boden weisen Rhododendren die leuchtendsten Farben auf. Vorherrschend bei den Hybriden sind kühle Rosa-, Purpur- und Rottöne. Wärmer wirken die Gold- und Orangeschattierungen der laubabwerfenden Azaleen. Dazu passen Farne, Blauglöckchen, Christrosen, Anemonen und Fingerhut.

In einem sehr sonnigen Garten ist nicht nur

Unten

Blaßrosa und weiße Christrosenvarietäten *(Helleborus orientalis)*, kombiniert mit milchweißen Schneeglöckchen *(Galanthus)*, leuchten am schattigen Waldrand.

Unten

Ein »Blattgarten« aus Grüntönen: Schwarzblättriger Schlangenbart (*Ophiopogon planiscapus* 'Nigrescens') zusammen mit Funkien, Astrantien, kriechendem Efeu und Günsel.

Trockenheit, sondern auch Wind ein Problem, das man berücksichtigen muß. Intensives Licht bringt Primärfarben und die satten aus ihnen gemischten Farben gut zur Geltung. Zwar kann man bei der Bepflanzung sonniger Standorte aus dem ganzen Farbspektrum schöpfen, doch sollten Form und Struktur der Pflanzen den Rahmen bestimmen (S.104–105).

So kann man z.B. bei der Gestaltung des Gartens harmonische Übergänge zugrunde legen, d.h. Rot- und Gelb- mit Orangetönen verknüpfen und mit gelegentlichen blauen Tupfern auflockern. Wie wäre es z.B. mit *Crocosmia*, *Helianthemum*, *Rudbeckia*, *Kniphofia*, *Monarda* und *Salvia*, kombiniert mit einer aus dem Rahmen fallenden tiefblauen *Veronica austriaca teucrium* 'Crater Lake Blue'? Mit Akelei, Ochsenzunge, Glockenblumen, *Perovskia*, Rittersporn und Zierlauch lassen sich Purpurrot, Violett und Blau verbinden. Dazwischen machen sich einige Kontrastelemente gut, z.B. *Euphorbia griffithii* 'Fireglow' oder eine kupferfarbene Sonnenbraut. Wer Komplementärfarben (S.68) harmonischen Farbabstufungen vorzieht, kann z.B. eine goldene oder blaßgelbe Rabatte mit eingestreuten blauen Flecken gestalten. Gelbblättriger *Philadelphus coronarius* 'Aureus' und *Milium effusum* 'Aureum' mit blauem Storchschnabel oder blauen Glokkenblumen können das Thema weiterführen.

Die Gegend auf der Erde, in der wir leben, wirkt sich auf unsere Farbvorlieben aus, denn die geographische Breite beeinflußt die Farben der Pflanzen. Nördliches Licht ist bläulich und läßt feine Farbunterschiede gut zur Geltung kommen. Je näher man dem Äquator kommt, desto gelbstichiger wird das Licht. Dann sind kräftigere Farben vonnöten. Diese regionalen Unterschiede treten deutlich zutage, wenn man Pflanzen aus heißeren Klimaten in Rabatten gemäßigter Breiten verwendet: Neben den einheimischen Arten mit sanfteren Farben wirken sie leicht zu grell.

In offenen Gartenbereichen verändert sich der Lichteinfall im Lauf des Tages. Morgens wirken die Farben am intensivsten. Mittags ist das Licht so stark, daß die Farbwirkung verblaßt und andere Aspekte ins Blickfeld rücken. Abends ist das Licht gedämpfter, dann wirken Weiß sowie Pasteltöne besonders strahlend. Das Licht verändert alles, und Farben sind nicht nur einfach schön, sondern auch sehr subtil in ihrer Wirkung.

Oben links

Die zarten Farben von rosa *Monarda* 'Cherokee', malvenfarbener Wiesenraute *(Thalictrum)*, silbernem *Eryngium giganteum* und *Calamagrostis* × *acutiflora* gehen in der Nachmittagssonne harmonisch ineinander über.

Links

Hier ist dasselbe Beet wie oben zu sehen, jedoch später am Tag, wenn die Pflanzen in warmes Abendlicht getaucht sind. Die gewählte Zusammenstellung variiert je nach Lichtverhältnissen. Die grasartigen Strukturen vieler Pflanzen scheinen farbig zu glühen, die *Eryngium*-Köpfe strahlen silbern.

Oben links

Im Abendlicht leuchten Rittersporn und Mohn, gemischt mit *Rosa* 'Fred Loads', *R.* 'Iceberg' und *R.* 'The Queen Elizabeth'.

Oben rechts

Kühle cremefarbene *Iris germanica* und *Rosa* 'Frühlingsgold' beleben dieses Randbeet mit blauer und lila Akelei und einer weinroten *Rosa rugosa*.

Unten links

Weiches Licht betont die blauen Petunien, roten Geranien, rosa Dahlien und den violetten Salbei.

Unten rechts

Im warmen Abendlicht leuchten rote Kapuzinerkresse und Dahlien sowie orangefarbene Lilien intensiv.

TÖNE UND SCHATTIERUNGEN

Farben wirken dekorativ, können aber auch die Stimmung beeinflussen und Temperaturunterschiede suggerieren. Die »Temperatur« der Farbtöne beeinflußt unsere gefühlsmäßige Reaktion auf einen Garten. Wir empfinden Sonnengelb, Feuerrot und Orange als warm, Blau und Violett dagegen als kühl. Rot ist lebendig und aufregend; kombiniert mit anderen kräftigen Farben kann es geradezu spektakulär wirken. Je nach Schattierung hat eine Farbe eine völlig andere Wirkung. Ein klares Mittelrot würde man als warme Farbe beschreiben, doch wenn es mit Blau gemischt ist wie bei *Rosa* 'William Lobb' und *Fuchsia* 'Tom Thumb', wirkt Rot kühl. Mischt man es dagegen mit Gelb, wirkt es noch wärmer. Dies zeigen die warmen Schattierungen der zinnoberroten *Lychnis chalcedonica* oder der orangeroten *Asclepias tuberosa*. In ähnlicher Weise wirkt roter Klatschmohn *(Papaver rhoeas)* mit blauem Lein *(Linum narbonense)* kühler als in einem gelben Weizenfeld.

Farben beeinflussen unsere Wahrnehmung noch in anderer Weise: Warme Farben wirken näher, während Blau und Violett Ferne schaffen. Schon vor Jahrhunderten verliehen Maler ihren Werken Tiefe, indem sie weiter in der Ferne liegende Gegenstände durch Beimischung von Blau in den Hintergrund rückten. Ebenso scheinen Rabatten mit bläulichen Schattierungen zu »fliehen« und vermitteln so einen Eindruck von Tiefe.

Die Farben des Spektrums haben auch eine Hell-Dunkel-Komponente: Auf einer Schwarzweißfotografie sieht man die helleren Gelbtöne als nahezu weiß, während Tiefviolett schwarz erscheint. In der Malerei kann man diese Wirkung durch Zugabe von Weiß beeinflussen, wodurch Pastelltöne entstehen, oder durch Verdunkeln, wodurch der Farbton tiefer wird. So entstehen helle cremefarbene oder dunkle ockerfarbene Gelbtöne, blasses Lila und dunkles Violett. Man kann sich für Rosa, Jadegrün und Blaßblau entscheiden oder für Rotbraun, Dunkelgrün und Mitternachtsblau. Blasse Farben vor einem dunklen Hintergrund oder kräftige Farben für eine lichtdurchflutete Szenerie ergeben aufsehenerregende Effekte.

Links

Eine gelungene Gartenkomposition: kühl wirkende rosaviolette *Achillea*, weiße *Lysimachia clethroides* und *Filipendula* mit warm orangefarbenen Lilien, *Alstroemeria*, *Helenium* und rotem Mohn.

Oben links

Dahlien, Sterndolden und Kapuzinerkresse mit pflaumenfarbenem Wegerich.

Oben

Gartenfuchsschwanz mit Bartfaden, Montbretien und Sonnenhut u.a.

Kontrast ist ein wesentliches Gestaltungsprinzip, doch ebensowichtig ist die harmonische Abstimmung. In diesem Zusammenhang ist ein Vergleich zweier kalifornischer Pflanzen interessant. Der Strauch *Carpenteria californica* hat dunkelgrüne Blätter, die einen scharfen Kontrast zu den zarten weißen Blüten bilden. Die ebenfalls weißen Blüten des Kalifornischen Mohns *(Romneya coulteri)*, eines buschigen Halbstrauchs, sitzen zwischen gräulich-blaugrünen Blättern, und die hellen Blätter verstärken das Weiß der Blüten auf harmonische Weise.

Ähnlich dunkle oder helle Schattierungen können – trotz unterschiedlicher Farben – ihre Wirkung gegenseitig harmonisch verstärken. Die kardinalroten Blüten des Blumenrohrs *Canna* 'Dazzler' nehmen sich zwischen seinen bronzegrünen Blättern phantastisch aus, und auch die tief purpurrote *Lobelia* 'Queen Victoria' paßt mit ihren dunklen grün-braunen Blättern gut ins Bild. Eine ähnliche Verstärkungswirkung erreicht man mit dunklen Blüten vor dunklem Laub. So kommt der indigoblaue Eisenhut *(Aconitum napellus)* besonders schön vor den pflaumenblauen Blättern von *Cotinus coggygria* zur Geltung. In gleicher Weise lassen sich hellere Schattierungen wirkungsvoll kombinieren. Hier spielen Farben eine größere Rolle, und es lassen sich besonders leuchtende Gartenbilder schaffen.

Rechts oben

Mahagonifarbene Sonnenbraut *(Helenium)*, kombiniert mit kupferfarbener *Achillea* 'Feuerland'.

Rechts Mitte

Kletternde *Rosa* 'American Pillar' mit burgunderroter *Clematis* 'Madame Julia Correvon' und hellblauer *Campanula lactiflora*.

Rechts

***Echinacea purpurea* mit dicken Zentren bildet einen hellen, rosafarbenen Kontrast zu kupferrotem *Helenium* 'Kupferzwerg' und dunkelroter *Achillea* 'Summerwine'.**

Exquisite Effekte kann man auch mit einer Ton-in-Ton-Abstimmung erzielen. Pastellfarben mit ihren feinen Schattierungen passen vor allem in den romantischen Garten, können aber auch die Strenge eines formalen Gartens auf attraktive Weise mildern. Pflanzen, die sich Ton in Ton aufeinander abstimmen lassen, sind z.B. die cremefarbene silberblättrige *Achillea* 'Anthea' und die elfenbeinfarbene *Lupinus arboreus.* Auch blaßgrüne Abstufungen sind denkbar, z.B. mit den weißen, grün überhauchten Blüten der Frühblüher *Helleborus argutifolius, Veratrum viride, Eucomis comosa* und *Kniphofia* 'Green Jade', kombiniert mit entsprechendem Blattwerk.

Auch die jahreszeitlich variierende Lichtintensität beeinflußt die Farbwirkung. Die Gelb-, Hellblau- und Rosatöne des Frühlings werden von warmen Sommerfarben und diese von feurigen Herbsttönen abgelöst. Früchte und Blätter sorgen im Herbst für warme Töne, ehe die kühlen Winterfarben mit grünen, hellrosa und cremegelben Christrosen und cremefarbenen, gelben und rosa winterblühenden Sträuchern auftreten.

Oben links

Bei dieser blau-gelben Farbmischung blühen Glockenblumen und im Hintergrund *Anthemis*.

Oben rechts

Dieses Beet mit Fackellilien, Heiligenkraut und Engelwurz *(Angelica)* ist in Creme und Gelb mit etwas Grau gehalten.

Rechts

Die roten Blüten von *Crocosmia* 'Lucifer' harmonieren mit aprikosenfarbenen Lilien und orangefarbener *Achillea* 'Feuerland' und kontrastieren mit gelbgrün schäumender *Alchemilla mollis*.

Rechts

Das dunkle pflaumenblaue Laub von *Cotinus coggygria* 'Royal Purple' schmeichelt dem panaschierten *Euonymus fortunei* 'Emerald Gaiety' und den weichen rosa Blüten von *Sedum spectabile*.

Unten

Traumhaft schön wirkt dieses Beet mit silbergrauen Artemisien und eleganten fiederigen *Helichrysum*, zwischen denen scharlachrote Dahlien, Lobelien und Fingerkräuter leuchten. Die dunkelgrüne Hecke im Hintergrund bringt die Komposition noch besser zur Geltung.

S.79: Links

Dunkelvioletter *Cotinus* und panaschierter *Cornus alba* 'Elegantissima' bilden einen attraktiven Hintergrund für purpur-bronzefarbene *Iris*.

Mitte

Blutblättrige *Cercis canadensis* 'Forest Pansy' und *Heuchera* 'Palace Purple', rote Rosen und Monarden, orangefarbene *Achillea* und rosa *Dierama pulcherrimum* vor einem silbernen *Pyrus salicifolia* 'Pendula'.

Rechts

Tulpen als Blickfang vor dem gelb panaschierten Laub von *Ilex* × *altaclerensis* 'Lawsoniana'.

DER GARTEN ALS LEINWAND

In den gemäßigten Zonen bildet fast immer grünes Laub den Hintergrund für alle anderen Farben im Garten. Wo es feuchter ist, ergeben die Grünschattierungen eine üppige bodendeckende Kulisse. Grün umfaßt ein weites Spektrum, vom Gelbgrün des *Philadelphus coronarius* 'Aureus' bis zum Türkisblau von *Ruta graveolens* 'Jackman's Blue'. Die Wahl der Schattierung von grünem Laubwerk wirkt sich darauf aus, wie man die Farben aller Blüten im Umfeld wahrnimmt (vgl. S.68–69).

Panaschierte Blätter lassen eine Pflanzung heller wirken und sorgen für Lebendigkeit. Die Sträucher *Cornus alba* 'Elegantissima' und *Weigela florida*

'Aureovariegata' bilden einen idealen Hintergrund. Für Schattenbereiche eignen sich panaschierte Funkien und Kaukasusvergißmeinnicht, für sonnigere Standorte weiß gestreifte Gräser. Eine ansprechende Hintergrundpflanzung ergeben dunkelblättrige Pflanzen wie Eiben oder Lorbeerkirsche und helle Sträucher wie *Pittosporum tenuifolium* 'James Sterling' oder die fleischigen Staudenblätter von *Sedum spectabile*. Die Hell-Dunkel-Kontraste sind zur Vereinfachung eines Schemas von unschätzbarem Wert. Hat man sich die Lichtverhältnisse im Garten vergegenwärtigt, kann man sich für auffallende Kontraste oder ein eher friedlich-harmonisches Gesamtbild entscheiden. Im Halbschatten z.B. kann vor dem dunkelgrünen Laub von *Viburnum tinus* oder *V. davidii* hellblaue *Geranium pratense* 'Mrs. Kendall Clark' leuchten.

Im vollen Sonnenlicht bilden die mittelgrünen Blätter der meisten Immergrünen einen ruhigen Hintergrund für das Kaleidoskop der Blütenfarben. Doch das funktioniert nicht überall. In trocken-heißen Ländern eignet sich statt dessen silbergraues Blattwerk; wo Regen fehlt, muß man mit Grau vorliebnehmen. Es gibt viele Pflanzen mit grauen Blättern (z.B. *Melianthus major*), die einen sanften Hintergrund für kräftige Farben bilden.

Silber- und blaublättrige Pflanzen wirken auch sehr gut mit Pastellfarben, die dadurch nicht zu blaß und unauffällig erscheinen. Solches Laub haben z.B. fiederige Wermutgewächse, Wollziest, das Gras *Festuca glauca* 'Elijah Blue', die farnblättrige *Santolina chamaecyparissus*, die samtige *Convolvulus cneorum*, wachsblaue Funkien und hohe, silbern schimmernde Sträucher wie *Elaeagnus angustifolia* 'Caspica', *Pyrus salicifolia* 'Pendula', die Baumaster *Olearia macrodonta* mit zinngrauem Blattwerk oder die silbergrüne *Rosa fedtschenkoana*. Es gibt auch Pflanzen mit rötlichbraunem Laub, die in einer bunten Rabatte als Verknüpfungselemente für verschiedene Blütenfarben dienen können. Sie bringen als Bestandteile eines »Garten-Bildteppichs« auch Abwechslung in die dominierenden Grüntöne, vor allem wenn nur wenige Blüten das Beet beleben.

GESTALTUNG MIT NUR EINER FARBE

Jede Farbe hat verschiedene hellere und dunklere Schattierungen. Mit Rot und Orange als Beimischung wirkt sie warm, mit Blau oder Violett kühl. Einfarbigkeit bedeutet also nicht Eintönigkeit. Mit entsprechenden Zusammenstellungen von Blüten- und/oder Blattschattierungen einer Farbe kann man eindrucksvolle Effekte erzielen.

Weiß Gärten ganz in Weiß haben zunehmend Freunde gefunden, seit es den berühmten weißen Garten von Sissinghurst Castle in Kent gibt. Insbesondere im Sommer, wenn überall eine bunte Farbenfülle die Sinne betört, strahlen weiße Blüten eine schlichte Frische aus, vor allem zwischen grünen Blättern. Es gibt weiße Tulpen, Schwertlilien, Lilien, Pfingstrosen, Lichtnelken, Phlox, *Zantedeschia*, *Leucanthemella*, Skabiosen, Mohn und Ehrenpreis, deren Wirkung en masse phantastisch ist. In weißen Gärten bieten sich silberne und frühlingsgrüne sowie weiß gemusterte Blätter als Grundlage an.

In einem weißen Garten spielt das Blattwerk eine ebenso große Rolle wie die Blüten. Es wirkt als Kulisse. Dunkle Hecken aus Eiben oder Stechpalmen oder dunkelrote *Prunus* × *cistena* sind sehr wirkungsvoll. Die lockeren Hügel dunkelblättriger Sträucher wie *Sambucus nigra* 'Guincho Purple' oder runde *Fagus sylvatica* 'Purpureopendula' sind ebenfalls gut geeignet. Für Kontraste sorgen auch immergrüne Sträucher wie *Viburnum tinus* und *Prunus lusitanica*.

Laub kann auch die Funktion haben, Weiß harmonisch hervorzuheben. Daher sind silberblättrige Pflanzen unverzichtbar. *Convolvulus cneorum* und Silberimmortelle *(Anaphalis margaritacea)* haben als weißblühende Pflanzen mit silbernem Laub ihre eigene Harmonie. Einige graublättrige Pflanzen erscheinen fast weiß. Dazu gehört *Artemisia ludoviciana* 'Valerie Finnis' mit nahezu reinweißen Blattrosetten. *A. stelleriana* 'Nana' und *A. alba* 'Canescens' eignen sich besonders für den vorderen Bereich einer Rabatte.

Größere Stauden wie die fiedrige silberne *A. ludoviciana* 'Silver Queen' und der eher grausilberne, 60 cm hohe Strauch *A.* 'Powis Castle' finden ihren Platz weiter hinten. Der hohe silberjadegrüne *Melianthus major* und die glatte graue *Macleaya cordata* passen ebenfalls zwischen höhere weiße Stauden. All diese Pflanzen benötigen Sonne und möglichst durchlässigen Boden.

Oben

***Crambe cordifolia*, *Campanula latiloba alba* und *Viola cornuta* 'Alba' leuchten im schwachen Licht.**

S.81: Oben links

Weiße Rosen, Lupinen, Lilien, *Iris* und *Deutzia*.

Oben rechts

Hortensien, Petunien und Margeriten in Weiß.

Unten links

Spätfrühlingstulpen vor *Viburnum* × *burkwoodii*, gesäumt von weißen Vergißmeinnicht.

Unten rechts

***Rosa* 'Jacqueline du Pré' mit *Crambe cordifolia* und einer Eselsdistel *(Onopordum acanthium)*.**

Die Silbertöne ergeben auch mit zartem weißem Schleierkraut ein schönes Bild, ebenso mit Rhythmen schaffendem, vertikalem *Veronicastrum virginicum album* und *Leucanthemum* × *superbum* 'Snowcap' sowie *Phlox paniculata* 'White Admiral' und strukturierten weißen Lilien und Schmucklilien. Diese Pflanzen kann man mit weißen Spornblumen *(Centranthus ruber albus)* oder Streifen von Nachtviolen *(Hesperis matronalis)* umrahmen. Viele Blattpflanzen wie Heiligenkräuter oder Lavendel lassen sich in Form schneiden. Andere wachsen lockerer und breiten sich stärker aus, z.B. Wollziest, Grasnelken und die samtige zinnfarbene *Salvia officinalis*.

Weiß panaschierte Sträucher, u.a. *Cornus alba* 'Elegantissima', *Weigela* 'Florida Variegata', der immergrüne *Euonymus fortunei* 'Silver Queen' und *Rhamnus alaternus* 'Argenteovariegata', eignen sich gut als Hintergrundpflanzen. Neuseeländer Flachs, Schwertlilien und Yuccas mit weiß gestreiften, schwertförmigen Blättern bringen Struktur zwischen die weißen Blüten. Außer in einem mediterranen Garten mit Kiesgrund ist Grün die übliche Hintergrundfarbe. Ein hübsches Beispiel hierfür sind weiße Schmuckkörbchen mit frischen grünen Blättern.

Ein weißer Garten muß nicht rein weiß sein, auch andere helle Farben können hier und da eingefügt werden, so cremefarbene *Sisyrinchium striatum*, puderblaue Storchschnäbel, Glockenblumen, Rittersporn, Lavendel, bläulich-rosa *Dianthus* 'Doris' und *Gypsophila* 'Rosenschleier'.

Projekt: Ein weißer Garten Ein weißes Beet läßt Formen und Muster hervortreten. Grünes und silbergraues Laub schafft Übergänge und wirkt als Hintergrund für die Blüten. Vor dem dunklen immergrünen *Prunus laurocerasus* 'Otto Luyken' kommen kühles Weiß, leuchtendes Silber und frisches Grün gut zur Geltung. Die üppigen Blattmuster der Funkien werden von den daunigen, fransig gesäumten Blättern von *Alchemilla mollis* aufgefangen. Das »graue Thema« setzt sich spektakulär in der stacheligen Eselsdistel *(Onopordum acanthium)* fort und wird von fiederigen grauen *Artemisia* 'Powis Castle' aufgegriffen, deren Blätter den weißen Blüten schmeicheln.

Das Beet verändert sich im Jahreslauf ständig. Die Strukturpflanzen wie *Prunus* und mehrjährige *Astrantia*, *Hosta*, *Artemisia*, *Alchemilla* und *Campanula* werden früh gepflanzt und breiten sich langsam aus. Frühblüher sowie einjährige und zweijährige Füllpflanzen werden für unterschiedliche Frühlings- und Sommereffekte zweimal jährlich hinzugefügt.

Die Bodenbehandlung spielt in diesem Beet ebenfalls eine Rolle, weil der häufige Pflanzenwechsel immer neue Ansprüche an den Boden mit sich bringt. Düngen und Harken sind ebensowichtig wie eine gute Vorausplanung und das Anziehen von Pflanzen in Töpfen.

Frühling (oben) Für Frühlingsblüten sorgen weiße Winterveilchen und einjähriges panaschiertes Silberblatt (*Lunaria annua* 'Alba Variegata'). Die kissenartigen reinweißen Maßliebchen (*Bellis perennis* 'Alba Plena') sind zweijährig und werden jedes Jahr nachgepflanzt. *Tulipa* 'Snowpeak' und lilienblütige *T.* 'White Triumphator' setzen vertikale Akzente. Dichte Vergißmeinnichtkissen füllen die Lücken.

Sommer

Sommer (rechts) Tulpen und Vergißmeinnicht wurden entfernt. Ihren Platz haben ausdauernde *Elymus hispidus*, *Campanula latiloba*, *C. persicifolia* und Funkien eingenommen. Die dichten Sterndoldenpolster blühen rosa-weißlich, das Silberblatt trägt zartgrüne Scheibenfrüchte. Als Sommerpflanzen kommen u.a. Ziertabak *(Nicotiana alata)*, weiße Petunien und *Dianthus barbatus albus* hinzu. Sie wurden in Töpfen angezogen.

Spätsommer/Frühherbst (rechts) Wo vorher Glockenblumen blühten, wurde eine silbergraue *Artemisia ludoviciana* 'Silver Queen' (Containerpflanze) eingesetzt. Die auffälligen Blüten von *Crinum* × *powellii* 'Album' überragen niedrige Margeriten. Auch die Exemplare dieser beiden Sorten wurden aus Containern umgesetzt. Blaßblaue Petunien ersetzen die Vergißmeinnicht, *Nicotiana alata* füllt den Raum im Vordergrund. Die Dahlien stehen in voller Blüte, und die Eselsdistel *(Onopordum acanthium)* glänzt mit weißlichen Pappushaaren, mit deren Hilfe die Samen vom Wind verbreitet werden. Die papierartigen weißen Silberblatt-Scheidewände glänzen bis weit in den Winter.

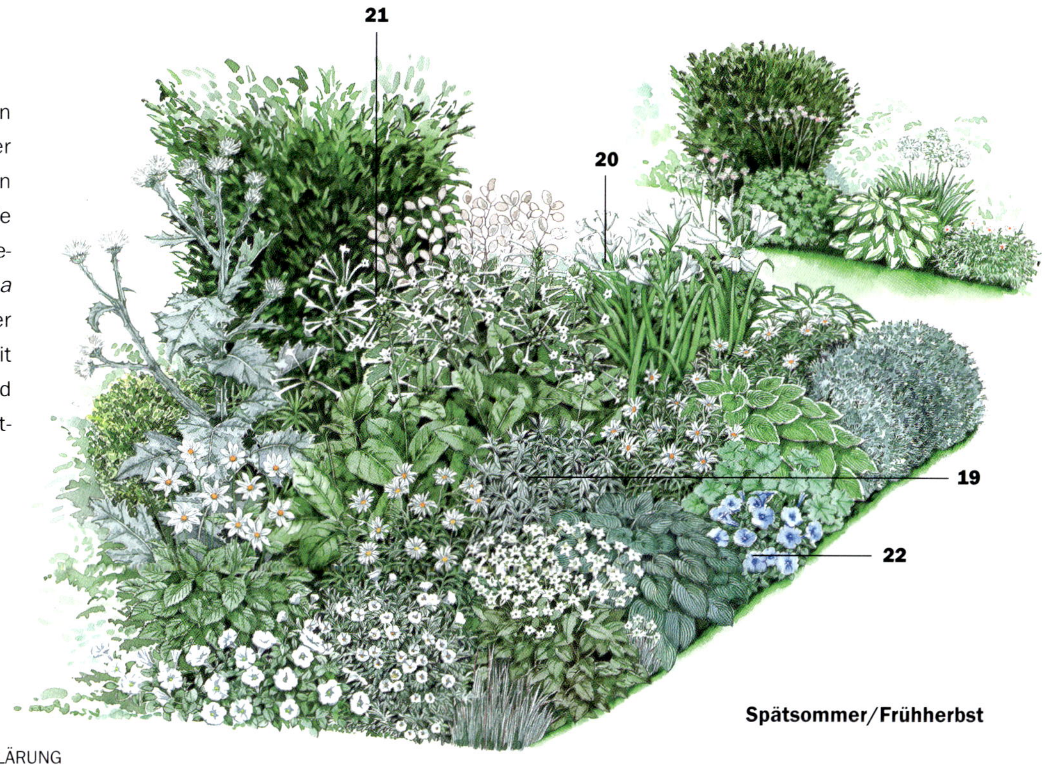

Spätsommer/Frühherbst

ERKLÄRUNG

(H = Höhe; D = Durchmesser)

1 *Agapanthus* 'Bressingham White', ***H: 75 cm; D: 45 cm***

2 *Elymus hispidus*, ***H: 20 cm; D: 15 cm***

3 *Alchemilla mollis*, ***H und D: 50 cm***

4 *Argyranthemum frutescens*, ***H und D: 90 cm***

5 *Artemisia* 'Powis Castle', ***H: 90 cm; D: 1,2 m***

6 *Astrantia major involucrata*, ***H: 60 cm; D: 45 cm***

7 *Campanula latiloba*, ***H: 90 cm; D: 45 cm***

8 *Campanula persicifolia* 'Boule de Neige', ***H: 90 cm; D: 30 cm***

9 *Convolvulus cneorum*, ***H und D: 75 cm***

10 *Dahlia*-'Coltness'-Hybride, ***H und D: 45 cm***

11 *Dianthus barbatus albus*, ***H: 45 cm; D: 30 cm***

12 *Lunaria annua* 'Alba Variegata', ***H: 75 cm; D: 30 cm***

13 *Hosta undulata albomarginata*, ***H: 75 cm; D: 90 cm***

14 *Hosta sieboldiana*, ***H: 90 cm; D: 1,5 m***

15 *Nicotiana alata*, ***H: 75 cm; D: 30 cm***

16 *Petunia* (weiß), ***H: 15–30 cm; D: 30 cm***

17 *Prunus laurocerasus* 'Otto Luyken', ***H: 90 cm; D: 1,8 m***

18 *Onopordum acanthium*, ***H: 1,8 m; D: 90 cm***

19 *Artemisia ludoviciana* 'Silver Queen', ***H: 90 cm; D: 60 cm***

20 *Crinum* × *powellii* 'Album', ***H: 90 cm; D: 60 cm***

21 *Nicotiana sylvestris*, ***H: 1,5 m; D: 75 cm***

22 *Petunia* (hellblau), ***H: 15–30 cm; D: 30 cm***

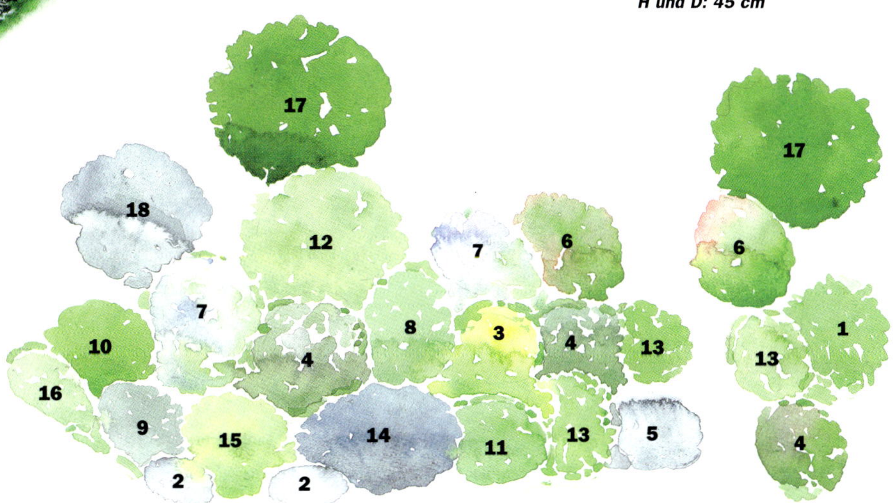

Gelb Sonnenwarm oder zitronenkühl – die Farbe Gelb wirkt im Garten ganz unterschiedlich. Aus der Ferne betrachtet dominieren Gelbtöne: Die Pflanzen scheinen näher zu rücken und wirken größer, als sie tatsächlich sind. Will man ein gelbes Beet gestalten, muß man sich bewußtmachen, daß es im Garten einen Blickpunkt bilden wird, neben dem alles andere zurücktritt. Wird solch ein Beet unüberlegt an irgendeiner Stelle angelegt, kann es Unruhe in den Garten bringen.

Auch eine wahllose Zusammenstellung von Gelbtönen kann unangenehm wirken. Manche gehen mehr in Richtung Zitronengelb, andere in Richtung Orange und Gold. Dies wird an zwei Sträuchern deutlich: *Philadelphus coronarius* 'Aureus' hat buttergelbe Blätter mit limonengrünem Einschlag, während die Blätter des Japanischen Spierstrauches *Spiraea japonica* 'Goldflame' eher zu Orange als zu Grün tendieren. Diese beiden Sträuther sollte man keinesfalls zusammenpflanzen, da sie sich in ihrer Wirkung aufheben. Besser ist es, entweder den einen oder den anderen als Grundlage einer Pflanzung im entsprechenden Gelbtyp zu verwenden. Es empfiehlt sich also, Gelb als zwei Farben zu betrachten und dies bei der Pflanzenauswahl zu berücksichtigen. Will man beide Gelbtöne zusammenbringen, empfehlen sich Übergänge aus graublauem oder dunkelgrünem Blattwerk.

Warme Gelbtöne findet man bei der winterblühenden Zaubernuß *(Hamamelis)*, im Frühling bei gelben Osterglocken und den margeritenartigen Blüten der Gemswurz *(Doronicum)*. Im Sommer setzen Sonnenhut, *Inula* und *Heliopsis* das Köpfenchenblütenthema fort. Als Kontrast zum »Punktmuster« dieser Blüten sollte man einige rotglühende Ähren einsetzen, z.B. *Kniphofia caulescens*, Goldrute *(Solidago)* und säulenartigen Weiderich *(Lysimachia punctata)*. Goldakzente setzen auch *Hemerocallis* 'Golden Chimes' und einige Plättchen von *Achillea* 'Coronation Gold'. Grünes Laub wirkt kühl inmitten dieser warmen Pracht. Purpurfarbener Fenchel und die weichen braunen Blütenstände von *Macleaya cordata* können ebenfalls als Farbverbindung dienen, während man weiße Blüten und panaschierte Blätter eher sparsam einsetzen sollte.

Zitronengelbe Blüten ergeben eine weitaus kühlere Rabatte. Hier lassen sich köpfchenblütige *Anthemis tinctoria* 'E.C. Buxton' und *A. t.* 'Wargrave' sowie *Argyranthemum* 'Jamaica Primrose' mit primelgelben × *Solidaster luteus* 'Lemore' und zitronengelber *Kniphofia* 'Percy's Pride' kombinieren. Blaßgelbe *Hemerocallis* 'Whichford' und *Achillea* 'Moonshine' oder *A.* 'Anthea' passen ebenfalls.

Diese Gelbtöne vertragen sich besser mit Pastellfarben als die wärmeren Schattierungen, so daß man hier einige pastell- oder cremefarbene Blumen »einweben« kann. Die gelbe *Scabiosa ochroleuca* bewirkt ein kleines Muster im üppigen Blattwerk, das schwefelgelbe *Thalictrum lucidum* kommt gut zur Geltung, ebenso *Sisyrinchium striatum* und *Helichrysum* 'Sulphur Light' sowie graues Blattwerk.

Gelbe Blüten oder Blätter

***Anthemis tinctoria* 'E.C. Buxton' (Färberkamille)**
90 cm hohe und breite immergrüne Staude mit farnartigem Laub und hell zitronengelben Blüten. Bevorzugt durchlässigen Boden und pralle Sonne.

***Coreopsis* 'Goldfink' (Mädchenauge)**
Robuste, buschig-krautige Zwergstaude mit strahligen gelben Korbblüten im Sommer. Höhe und Durchmesser 30 cm.

***Forsythia* 'Beatrix Farrand'**
Sommergrüner sonnenliebender Strauch mit bogig auseinanderfallenden Zweigen (Höhe und Breite 2 m) und im Frühling gelben Schmetterlingsblüten.

***Hemerocallis* 'Stella d'Oro'**
40 cm hohe, 45 cm breite, kompakte horstbildende Staude mit glockenförmigen gelben Blütchen von der Sommermitte bis zu den ersten Frösten.

***Ligularia* 'The Rocket'**
Ausdauernde Staude mit hohen Blütenähren: kleine gelbe Blütenköpfe an schwarzen Stengeln. Blätter tief eingeschnitten. Braucht Halbschatten und fruchtbaren Boden. Höhe bis 1,5 m, Durchmesser 60 cm.

***Philadelphus coronarius* 'Aureus'**
Winterharter Strauch. Die ovalen goldgelben Blätter werden im Sommer gelblichgrün. Im Frühsommer Trauben stark duftender weißer Blüten. Halbschatten; Höhe 2,5 m, Durchmesser 1,5 m.

***Rudbeckia fulgida* 'Goldsturm' (Sonnenhut)**
Sonnenliebende Staude. Große Blütenköpfe mit goldgelben Strahlen und konischer Mitte auf steifen Stielen von Spätsommer bis Herbst. Höhe und Durchmesser 75 cm.

Oben links
Eine gelbe Pflanzengesellschaft mit unterschiedlichen Blütenformen, u.a. von *Lythrum*, *Osteospermum*, Lupinen und verschiedenen Korbblütlern.

Unten links
Für spätsommerliche gelbe Blütenpracht sorgen in diesem Beet Staudensonnenblumen, »braunäugiger« Sonnenhut und fiedrige Goldrutenrispen.

Rechts oben
Ein effektvolles Frühlingsblütenmeer aus *Primula beesiana*, *P. bulleyana* und *P.* × *bullesiana* in unterschiedlichen Gelbschattierungen.

Rechts Mitte
Ein frühsommerliches Beet mit Farnen, Nelkenwurz und zitronengelben Taglilien.

Rechts unten
Um einen alten Steintrog gepflanzte Inkalilien *(Alstroemeria)* in warmem Orange scheinen in der Sonne zu glühen.

Rot Zwar gilt Rot als warme, auffällige Farbe, doch trifft dies nicht generell zu. Scharlachrot mit einer Spur Gold wirkt besonders feurig, violettstichiges Purpurrot dagegen kühl. Der Unterschied ist ähnlich wie bei einem Granat und einem Rubin. Wenn man diese Feinheiten bei der Gartenplanung berücksichtigt, läßt sich eine optimale Wirkung erzielen.

Eine Rabatte in warmen Rottönen strahlt Lebendigkeit aus. Hierzu gehören rostrote wie zinnoberrote Blüten. Die Kupfertöne von *Helenium* 'Coppelia', die orangeroten Blüten von *H. hoopesii* 'Wyndley', scharlachrote *Crocosmia* 'Lucifer', *Monarda* 'Cambridge Scarlet' und zinnoberrote *Lychnis × arkwrightii* wirken aufregend neben ziegelroter *Kniphofia* 'Shining Sceptre'. Als Hintergrund können die bronzefarbene Bluthasel (*Corylus maxima* 'Purpurea') oder – als Kontrastelement – die purpurblättrige, ausladende *Cercis canadensis* 'Forest Pansy' dienen. Beide sind sehr dunkel. Auch die Schwertblätter von aprikosenfarbenem *Phormium* 'Maori Sunrise' oder bronzefarbenem *P. tenax* 'Purpureum' passen in solch ein Beet.

Durch Zusammenstellungen mit rotem, braunem und dunkelgrünem Laub läßt sich die Farbenpracht intensivieren. So hat z.B. *Lobelia cardinalis* dunkelgrüne Blätter und *L.* 'Queen Victoria' dunkles, rotstichiges Laub. Kupfertöne findet man bei *Heuchera* 'Palace Purple', bronzegoldene Blätter bei *Libertia peregrinans.* Auch einige Hybriden von *Hemerocallis* und *Iris germanica* können die Schattierungen der anderen Pflanzen aufgreifen. Als erholsamer kühler Fleck in dieser feurigen Szenerie eignet sich ein tief purpurfarbener Rittersporn.

Bei den kühlen Rottönen ist Vorsicht angeraten. So wirken z.B. *Berberis thunbergii atropurpurea* und *Cotinus coggygria* 'Royal Purple' tiefrot, wenn sie von hinten beleuchtet werden, aber wenn die Sonne direkt auf die Blätter fällt, erscheinen sie bleiern und graublau. Dies kann in Kombination mit einigen karmin- oder rosaroten Blumen hübsch aussehen, doch zuviel von dieser Farbe wirkt bedrückend. Zur Aufhellung kann man Pflanzen wie *Rosa glauca* mit ihren purpurfarben angehauchten, taubengrauen Blättern und Kugelartischocken (*Cynara cardunculus* 'Scolymus') mit riesigen, tiefgeteilten Silberblättern und malvenfarbenen Blüten verwenden.

Stauden wie *Phlox paniculata* 'Vintage Wine', *Lythrum salicaria* 'Feuerkerze' und *Echinacea purpurea* 'Magnus' bewegen sich im kühlen rosaroten Rahmen, während *Geranium macrorrhizum* 'Bevan's Variety' und Formen von *Centranthus ruber* den Ton angeben. *Knautia macedonica* sorgt für rubinrote Akzente, Purpursalbei, *Euphorbia dulcis* 'Chameleon' und *Heucherella alba* 'Bridget Bloom' sind geeignete Bodendecker.

Bordeauxrot braucht Silberlaub als Hintergrund, z.B. Wermut oder *Pittosporum tenuifolium* 'Irene Paterson'. Einige gedeckte Purpurviolett- oder Hellblautöne beleben das Ganze. Karmesinrote Rabatten gewinnen auch durch einige frühblühende rote Tulpen und tiefrote, zarte einjährige Pflanzen wie Dahlien, Fuchsien, Verbenen und Ziertabak.

Obere Reihe
Links **Weinrote *Clematis* 'Niobe' und kühlrosa *Rosa* 'Zéphirine Drouhin'.** Mitte ***Penstemon* 'Garnet' mit *Allium hollandicum* und *A. cernuum*.** Rechts **Rote Astern neben einer panaschierten Agave.**
Mittlere Reihe
Links **Scharlach- und karmesinrote Dahlien, Petunien, Verbenen, Fetthennen und *Antirrhinum*.** Mitte **Blutrote Dahlien im Spätsommer.** Rechts **Rosaviolette *Rosa* 'Camaïeux', *Centranthus ruber* und *Stachys macrantha*.**
Untere Reihe
Links **Rote Azaleen mit *Rhododendron* 'Elizabeth'.** Mitte ***Dahlia* 'Ellen Houston' und Kapuzinerkresse.** Rechts ***Dahlia* 'Bishop of Llandaff', rote Berberitzen, *Penstemon*, *Dianthus* und *Kniphofia*.**

Rote Blüten oder Blätter

***Cornus florida* 'Cherokee Chief' (Blumenhartriegel)**
Rotblühender Laubstrauch mit rubinroten Hochblättern und rot-lila Herbstfärbung. Neutraler bis saurer Boden, Sonne oder leichter Schatten. Höhe und Breite 2,5 m.

***Cotinus coggygria* 'Royal Purple' (Perückenstrauch)**
Sommergrüner Strauch (Höhe und Durchmesser 3 m) mit purpurrotem Laub und zarten Blüten. Bevorzugt sonnigen Standort mit durchlässigem Boden.

***Crocosmia* 'Lucifer' (Montbretie)**
Robuste horstbildende Knollenpflanze mit langen schwertförmigen Blättern und trichterförmigen tiefroten Blüten in dichten, verzweigten Ähren. Höhe bis 1 m, Breite 20–25 cm. Liebt Sonne.

***Euonymus europaeus* 'Red Cascade' (Spindelstrauch)**
Sommergrüner Strauch, dessen Laub im Herbst tiefrot wird. Grünliche Blüten erscheinen im Spätfrühling. Früchte rot, Samen orange. Höhe bis 3 m, Breite 1,8 m.

***Helenium autumnale* (Sonnenbraut)**
Winterharte Staude mit mahagoni-karmesinroten Blütenrispen, die im Spätsommer erscheinen. Liebt Sonne und wird bis 1,2 m hoch und 45 cm breit.

***Imperata cylindrica* 'Red Baron'**
Breitwüchsiges rotblättriges Gras (Höhe bis 35 cm bei 30 cm Durchmesser). Liebt sonnige bis halbschattige Standorte mit gut durchlässigem Boden.

***Lychnis chalcedonica* (Brennende Liebe)**
Horstbildende Staude, im Sommer mit endständigen scharlachroten Blütendolden. Liebt Sonne und durchlässigen Boden. Höhe 90–120 cm, Durchmesser 30 cm.

Blau Blautöne können die Atmosphäre eines Gartens wesentlich prägen. Sie vermitteln ein Gefühl friedlicher Stille. Blau drängt sich nicht auf, eher hat man bei blauen Bereichen den Eindruck, daß sie zurückweichen. Dadurch lassen sie einen Garten geräumig oder auch geheimnisvoll erscheinen – Qualitäten, die Blau zu einer unentbehrlichen Farbe machen.

Bei der Zusammenstellung von Blautönen muß man den Einfluß der Hintergrundfarben und die Hauptrichtung des Lichteinfalls berücksichtigen, da Blau je nach Lichtverhältnissen ganz unterschiedlich wirkt. In feuchten Regionen findet man Blau und Grün bei Pflanzen untrennbar verbunden. Die Nähe dieser beiden Farben im Spektrum bewirkt eine gegenseitige Verstärkung. Zwar sind Kombinationen der Kontrastfarben Blau und Gelb sehr beliebt, aber sie wirken nicht unbedingt aufregend. Wesentlich intensiver wirkt enzianblaue *Anchusa azurea* 'Loddon Royalist' inmitten von sommerlichem Grün, kombiniert man sie mit anderen kräftigblauen Pflanzen wie *Delphinium belladonna* 'Lamartine', *Salvia × sylvestris* 'Mainacht' und veilchenblauer *Campanula glomerata* 'Superba'. Im Halbschatten erreicht man einen ähnlichen Effekt mit tiefblauem *Aconitum carmichaelii* 'Arendsii'. Das Blau der Blüten ist ebensodunkel wie das Grün der Blätter, so daß man auf einer Schwarzweißfotografie kaum einen Unterschied feststellen kann.

Mittelblau- und Hellblautöne bringen Leben in die Pflanzung. *Campanula lactiflora* 'Prichard's Variety' trägt im Hochsommer lavendelblaue Blüten, der stachelige *Echinops bannaticus* 'Taplow Blue', *Eryngium × oliverianum* mit stahlblauen Hochblättern und das blaustämmige *E. bourgatii* mit azurblauen Distelblüten sorgen für texturalen Kontrast, und hier und da ergänzen blaue Akeleien das Bild. Bei Schwertlilien wie der tintenblauen *Iris* 'Black Swan' oder der etwas helleren *I.* 'Jane Phillips' bleiben nach kurzer Blüte die Schwertblätter. Sie sorgen für Struktur und passen zum azurblauen Thema. Wo der Boden feucht genug ist, eignet sich *Iris sibirica* mit ihren blauen Blüten und schilfartigen Blatthorsten. Hohe frühblühende *Geranium × magnificum*, blaßblaue *G. pratense* 'Mrs. Kendall Clark' und *G.* 'Johnson's Blue' (ein dankbarer Storchschnabel, der Horste von etwa 30 cm Durchmesser bildet) gedeihen problemlos auf nahezu jedem Boden. Später im Jahr bieten sich *Perovskia* und *Caryopteris* mit strukturiertem *Agapanthus* an sowie das aufsehenerregende Blau der robusten *Ceratostigma willmottianum* mit rotem Herbstlaub.

Oben
***Agave parryi huachucensis* ist türkisblau.**
S.89: Oben links
Lila, malven- und purpurfarbene *Galega orientalis*, *Campanula persicifolia*, *Delphinium* 'Faust', *Geranium* 'Brookside' und *Viola cornuta*.
Oben rechts
Das blaugrüne Laub der Akeleien greift die Farbe der *Euphorbia* im Hintergrund auf.
Unten links
Akelei, Silberling, *Iris*, Katzenminze und Veilchen.
Unten rechts
Violetter Sommerflieder (*Buddleja davidii* 'Nanho Blue'), darunter *Echinops ritro* 'Veitch's Blue'.

Andere Blütenfarben können Blau verstärken, wenn sie nicht zu schreiend sind. Wesentlich besser als z.B. Gelbtöne passen flauschige, cremefarbene *Thalictrum aquilegifolium album* und hell cremefarbene *Achillea* 'Moonshine' zu Blau. Auch weiß überhauchte oder gemusterte blaue Blüten fügen sich gut ins Bild, so die puderblaue *Veronica gentianoides* und *Phlox paniculata* 'Blue Ice', dessen reinweiße Blüten blau überzogen sind. Der Storchschnabel *Geranium renardii* hat porzellanweiße Blüten mit feiner blauer Äderung und samtige dunkelgrüne Blätter. *Geranium sylvaticum* 'Album' ist leuchtend weiß und hat hellgrünes Laub.

Diese Pflanzen lassen sich mit Grautönen kombinieren. Stahlblaues *Phormium tenax* und zinnfarbene *Macleaya cordata* bringen ebenso wie *Artemisia absinthium* 'Lambrook Silver' und Wollziest auflockernde Helligkeit ins Spiel. Einige Blattpflanzen weisen ebenfalls Blautöne auf. So gibt es eine Reihe von Funkien, deren Wachsüberzug die Blattfarbe beeinflußt: *Hosta sieboldiana* hat überlappende bläuliche Blätter, die kompakte *H.* 'Halcyon' wirkt noch stärker blau. An nicht zu trockenen Standorten können diese Pflanzen das »blaue Bild« vervollständigen. Die Pflanze mit den blauesten Blättern aber ist die Raute *Ruta graveolens*. In wärmeren Klimaten sind bläuliche Kakteen oder die fleischigen Blätter von *Sedum* 'Herbstfreude' eine Alternative.

Projekt: Eine blau-violette Rabatte Hier ist es sehr wichtig, daß man die Ansprüche der einzelnen Pflanzen kennt, die Verwendung fanden. Sie gedeihen gut in der Südlage des Beets und brauchen sehr trockenen, leicht sauren und steinigen Boden. Zwar befindet sich der Garten in England, doch wachsen darin einige mediterrane Pflanzen. Das Beet ist terrassenförmig angelegt, die einzelnen Terrassen werden von dicken halben Rundhölzern gehalten. Durch die Hanglage fällt die Sonne auf alle Pflanzen und ist für guten Regenablauf gesorgt. Die Durchlässigkeit des Bodens wurde durch Einarbeiten von Kies erhöht. Daher bekommen die Pflanzen selbst bei Dauerregen keine »nassen Füße«.

Frühling

ERKLÄRUNG ***(H = Höhe; D = Durchmesser)***

Frühlingsblüher

1 *Tulipa* 'Bleu Aimable', ***H: 55 cm***
2 *Tulipa marjollettii*, ***H: 50 cm***
3 *Crocus etruscus* 'Zwanenberg', ***H: 10 cm; D: 3–8 cm***
4 *Tulipa* 'Ballade', H: 50 cm
5 *Muscari armeniacum*, ***H: 15–20 cm; D: 8–10 cm***
6 *Brunnera macrophylla*, ***H: 45 cm; D: 60 cm***
7 *Brunnera macrophylla* 'Hadspen Cream', ***H: 45 cm; D: 60 cm***
8 *Omphalodes verna*, ***H und D: 20 cm***
9 *Symphytum ibericum*, ***H: 25 cm; D: 60 cm***
10 *Symphytum* 'Hidcote Blue', ***H: 50 cm; D: 60 cm***
11 *Narcissus* 'Jenny', ***H: 30 cm***
12 *Bergenia* 'Silberlicht', ***H: 30 cm; D: 50 cm***
13 *Heliotropium arborescens*, ***H und D: 60 cm***
14 *Euphorbia myrsinites*, ***H: 5–8 cm; D: 20 cm***

Frühlingsplan

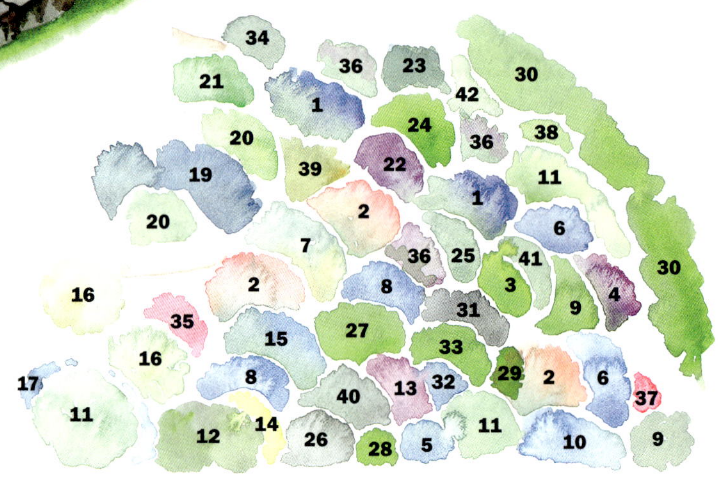

Frühling (oben) Die meisten Blüten stammen von Zwiebelpflanzen, die im Herbst zuvor gesetzt wurden. Kräftigblaue Traubenhyazinthen *(Muscari armeniacum)* zwischen blaßblauem Beinwell *(Symphytum* 'Hidcote Blue') sorgen für den blauen Grundton des Beetes. *Iris* 'Blue Denim', *Tulipa* 'Ballade' und *Crocus etruscus* 'Zwanenberg' bringen Violett ins Spiel.

Der Gestaltung dieser Rabatte liegt die eingeschränkte Farbpalette ruhiger Blau- und Violettöne zugrunde. Die dunkelgrünen Rhododendren im Hintergrund lassen das Blau besonders intensiv hervortreten; andere sorgfältig ausgewählte Pflanzen bewirken weitere Kontraste. Cremefarbene und weiße Blumen wie *Helianthemum* und *Verbascum* setzen im Jahreslauf Akzente.

Sommerblüher

15 *Iris* 'Blue Denim', ***H: 25 cm; D: unbestimmt***

16 *Iris pallida* 'Aurea Variegata', ***H: 70–100 cm; D: unbestimmt***

17 *Nepeta* 'Six Hills Giant', ***H und D: 60 cm***

18 *Helianthemum* 'Wisley Pink', ***H und D: 30 cm***

19 *Iris germanica*, ***H: 60–120 cm; D: unbestimmt***

20 *Helianthemum* 'White Queen', ***H und D: 30 cm***

21 *Salvia officinalis* 'Aurea', ***H.: 60 cm; D: 90 cm***

22 *Salvia-officinalis*-Purpurascens-Gruppe, ***H: 60 cm; D: 90 cm***

23 *Ruta graveolens* 'Jackman's Blue', ***H: 60–90 cm***

24 *Rosa* 'Nevada', ***H und D: 2,2 m***

25 *Artemisia schmidtiana* 'Nana', ***H: 8–30 cm; D: 60 cm***

26 *Thymus vulgaris* 'Silver Posie', ***H und D: 30 cm***

27 *Cistus × hybridus*, ***H und D: 90 cm***

28 *Meconopsis cambrica*, ***H: 30–45 cm; D: 30 cm***

29 *Anisodontea capensis*, ***H: 90 cm; D: 60 cm***

30 *Rhododendron ponticum*, ***H und D: 2,5 m***

31 *Salvia officinalis*, ***H: 60 cm; D: 90 cm***

32 *Festuca glauca*, **H und D: 10 cm**

33 *Salvia microphylla microphylla*, ***H und D: 1,2 m***

34 *Santolina rosmarinifolia rosmarinifolia*, ***H: 60 cm; D: 90 cm***

35 *Achillea millefolium* 'Cerise Queen', ***H: 60 cm; D: 20 cm***

36 *Lavandula angustifolia* 'Munstead', ***H und D: 75 cm***

37 *Erysimum* 'Janet's Brick Red', ***H und D: 30 cm***

38 *Persicaria bistorta* 'Superba', ***H: 60–75 cm; D: 60 cm***

39 *Libertia formosa*, ***H: 70 cm; D: 20 cm***

40 *Helianthemum* 'Wisley Primrose', ***H: 23 cm; D: 30 cm***

41 *Thymus* 'Porlock', ***H: 8 cm; D: 20 cm***

42 *Chamaecytisus albus*, ***H: 30 cm; D: 90 cm***

43 *Foeniculum vulgare* 'Purpureum', ***H: 1,8 m; D: 45 cm***

44 *Digitalis purpurea*, ***H: 90–150 cm; D: 60 cm***

45 *Verbascum phoeniceum* (rosa), ***H: 75 cm; D: 60 cm***

46 *Verbascum phoeniceum* (weiß), ***H: 75 cm; D: 60 cm***

47 *Allium christophii*, ***H: 15–40 cm; D: 15–20 cm***

48 *Nectaroscordum siculum*, ***H: 1,2 m; D: 30–45 cm***

49 *Perovskia* 'Blue Spire', ***H: 90–120 cm; D: 90 cm***

Sommerplan

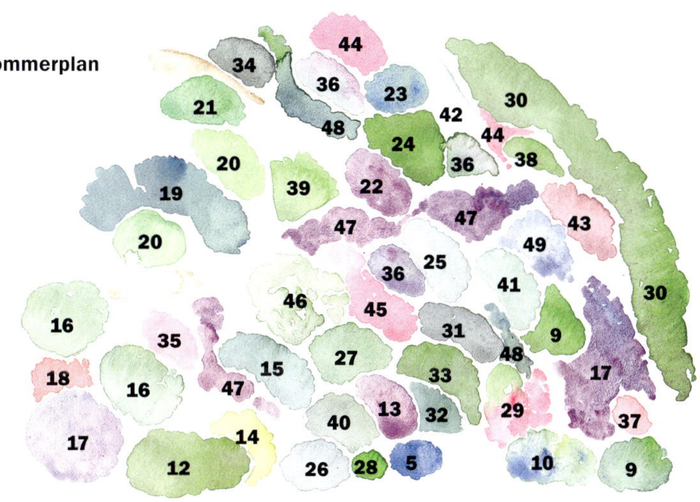

Sommer (oben) Das tonangebende hochsommerliche Blauviolett von *Lavandula angustifolia* 'Munstead' und *Nepeta* 'Six Hills Giant' wird durch verwandte Purpur-, Lila- und Magenta-Karmesinrot-Töne verstärkt. Dazu gehören die aufrechten *Allium*-Blütenkugeln, die rosavioletten Fingerhutähren *(Digitalis)*, der bunte Schöterich *(Erysimum)*, der Purpursalbei (*Salvia-officinalis*-Purpurascens-Gruppe), die kleine *Achillea millefolium* 'Cerise Queen' sowie das zarte immergrüne *Heliotropium arborescens*. Dieser Strauch trägt vom Frühling bis in den Winter purpurfarbene Blüten. Weinrot, Karmesinrot und kühle Rosatöne verschmelzen auch mit *Helianthemum* 'Wisley Pink' und den magentaroten Blüten von *Anisodontea capensis*. Die rosafarbenen und weißen Blüten von *Verbascum phoeniceum*, die zarten cremefarbenen Dolden von *Nectaroscordum siculum* und die leuchtendweißen Blüten von *Cistus × hybridus* (*C. × corbariensis*) hellen das Bild auf.

Die wegen ihrer Blätter ausgewählten Pflanzen sind überwiegend grau oder silbern wie Wermut, Thymian und Lavendel. So wird das Beet aufgehellt und das Farbschema komplettiert. Die graublättrigen Pflanzen verstärken den mediterranen Charakter der Rabatte. *Artemisia schmidtiana* ist eine halbimmergrüne Staude mit tief eingeschnittenen silbernen Blättern, *Lavandula angustifolia* 'Munstead' hat schmale aromatische Blätter und zarte, duftende blaue Blüten. Sowohl früh wie auch spät im Jahr sind Zwiebelpflanzen als farbgebende Elemente unverzichtbar. Zwischen Stauden gesetzt können sie die Blühsaison verlängern. Im Frühling sorgen Tulpen, Traubenhyazinthen und Narzissen für Farbe, später im Jahr Herbstzeitlose,

Spätsommer/Frühherbst

ERKLÄRUNG ***(H = Höhe; D = Durchmesser)***

Herbstblühende Pflanzen

50 *Nerine bowdenii* 'Alba', ***H: 45–60 cm; D: 12–15 cm***

51 *Schizostylis coccinea* 'Mrs. Hegarty', ***H: 60 cm; D: 30 cm***

52 *Schizostylis coccinea* 'Snow Maiden', ***H: 60 cm; D: 30 cm***

53 *Colchicum cilicicum* 'Purpureum', ***H und D: 15–20 cm***

54 *Crocus speciosus*, ***H: 10 cm; D: 3–8 cm***

55 *Sternbergia lutea*, ***H: 2,5–15 cm; D: 8–10 cm***

56 *Lycoris albiflora*, ***H: 30 cm; D: 10–15 cm***

57 *Agapanthus*-Headbourne-Hybriden, ***H: 90 cm; D: 50 cm***

Spätsommer-/ Frühherbstplan

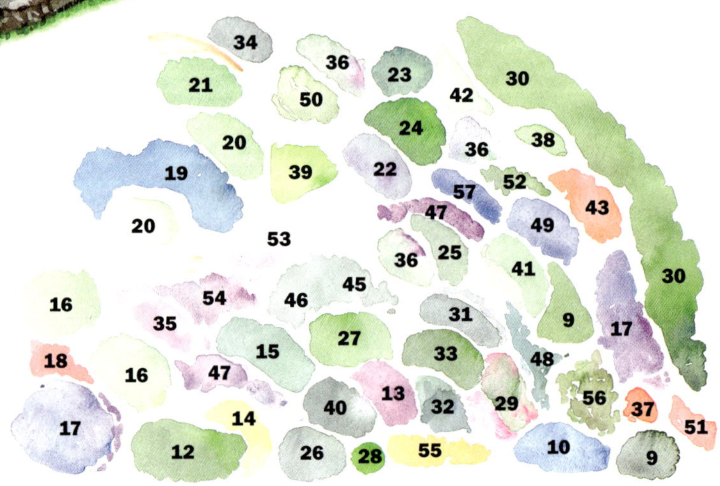

Spätsommer/Frühherbst (oben) Die Farben sind noch sehr intensiv. Die Wirkung der Katzenminze wird durch die zarten Ähren von *Perovskia* 'Blue Spire' verstärkt, deren Laub gut zu den blauen Blüten paßt. Herbstblühende Zwiebelpflanzen wie die rosa-weiße *Nerine bowdenii*, blaßrosa und weißer Spaltgriffel *(Schizostylis coccinea)*, blauer *Crocus speciosus* und rosaviolette *Colchicum cilicicum* 'Purpureum' erhalten das Farbschema bis weit in den Herbst.

herbstblühende Krokusse, Sternbergien und Guernsey-Lilien (*Nerine*).

Im Spätsommer blüht in diesem Beet auch *Lycoris albiflora*, eine ungewöhnliche Zwiebelpflanze mit elfenbeinfarbenen Blüten, die sich aus blattlosem Grund erheben. Die Blätter erscheinen erst später und überdauern bis zum nächsten Frühling. Andere Pflanzen, deren Blütezeit im Spätsommer liegt, sind die hellblauen *Agapanthus*-Headbourne-Hybriden. Im Herbst entfalten sich die blauen Blüten von *Crocus speciosus* zwischen grasartigen Blättern und die rosavioletten Trichter von *Colchicum cilicicum* 'Purpureum'. Einen wirkungsvollen Kontrast schafft *Nerine bowdenii* 'Alba' mit rosa überhauchten weißen Blüten.

Rechts

Im Frühsommer wirken die Farben besonders intensiv. Das kraftvolle Blau von *Iris* 'Blue Denim' und *Perovskia* 'Blue Spire' kommt in Kombination mit den violetten Blütenkugeln von *Allium christophii* und dem weißen und rosafarbenen *Verbascum phoeniceum* besonders gut zur Geltung. Diese sommerblühenden Stauden bringen farbliche Abwechslung ins Spiel. Den hohen rosa-weißen Blütenständen von *Persicaria bistorta* 'Superba' schmeichelt das zarte rötliche Fenchellaub (*Foeniculum vulgare* 'Purpureum') im Hintergrund.

KLASSISCHE FARBKOMBINATIONEN

In der traditionellen Gartengestaltung gibt es bestimmte klassische Kombinationen. So arrangiert man Silberlaub gern mit Rosa, Hellblau, Creme und Bordeauxrot, während für feurige Kombinationen ausschließlich Abstufungen von Rot, Orange und Gelb mit grünem Laub verwendet werden.

Eine feurige Rabatte Wünscht man eine üppige feurige Rabatte, muß man satte »heiße« Farben wählen, die im Farbspektrum benachbart sind. Für Pastelltöne ist hier kein Platz, und Silbergrau darf man nur sehr sparsam verwenden. Die kraftvollen Farbbeziehungen werden durch pflaumenfarbenes, purpurrotes und braunes Laub verstärkt, das mehr Wärme ausstrahlt als gelbliches Grün. Gelb, Orange und Rot – in den unterschiedlichsten Mischungsverhältnissen – sind die wichtigsten Farben auf einem flammend-feurigen Beet.

Die Gelbtöne sollten golden sein wie bei *Ligularia przewalskii* oder der 2 m hohen *Inula magnifica*, deren Strahlenblüten an Straußenfedern erinnern. Solch eine Pflanze bestimmt das Bild. Als Partner eignet sich die 1,2 m hohe *Heliopsis helianthoides scabra* mit runden, etwas mehr orange getönten Blüten. Beide sollten in dichten Massen gepflanzt werden. Man kann auch einige etwa 90 cm hohe scharlachrote Montbretien *Crocosmia* 'Lucifer' einplanen. Diese Pflanze entwickelt ein Dickicht schwertförmiger Blätter, die Wind und Regen widerstehen. Für Brillanz sorgen weiterhin *Monarda* 'Cambridge Scarlet', *Lychnis chalcedonica* und *Kniphofia rooperi* sowie die lilienblütige *Hemerocallis* 'Stafford' mit grasartigen Blättern, dunkelrote Lupinen als vertikale Rhythmuselemente und *Heuchera* 'Red Spangles' mit ihren vielen tiefroten Blütchen. *Oenothera fruticosa* 'Feuerwerkeri' darf sich ruhig nach Belieben ausbreiten, da die Blüten ihrem Namen zum Trotz eine

Oben links

Rote *Monarda* 'Cambridge Scarlet' und rote Dahlien kontrastieren eindrucksvoll mit *Ligularia* 'The Rocket' und *Calceolaria* 'Kentish Hero'. Braunes *Carex*-Gras mildert das Farbschema.

Oben Mitte

Eine warme Rabatte, in der rote *Dahlia* 'Bishop of Llandaff', *Atriplex hortensis rubra* und *Penstemon* 'Garnet' gelbe *Rudbeckia* überragen.

Oben rechts

Im Frühjahr bilden gelbrandige rote Tulpen eine attraktive horizontale Schicht über einem Teppich aus goldfarbenem Schöterich, der von einer blauen Vergißmeinnichtreihe gesäumt wird.

kühlende Wirkung haben, wenngleich Rottöne in der Pflanze vorkommen. Kurz gesagt: Rot-Gelb-Arrangements wirken feurig, sind aber dann besonders wirkungsvoll, wenn Rot die dominierende Farbe ist und warme Gelbtöne mit etwas mehr Zurückhaltung eingesetzt werden. Hin und wieder ist zur Erhaltung der gewünschten Wirkung etwas »kreatives« Jäten notwendig.

Einige orangefarbene Kleckse bringen Rot und Gelb zum Flammen. Die bekannten kegelförmigen Blüten von *Rudbeckia hirta* sind bräunlichorange, *Hemerocallis* 'Burning Daylight' ist intensiv mahagoniorange. Ein Fleck rotbrauner *Alstroemeria psittacina* und Schichten von *Achillea* 'The Beacon' vervollständigen das Muster. Diese Pflanzenkombination paßt auch zu Sorten von *Iris germanica* mit altgoldenen, rotbraun-orangefarbenen und mahagonibraunen Blüten, die nach der Blütezeit durch ihre graugrünen Blätter auffallen. Für spätere Blütenpracht sorgen bronzefarbene *Helenium* 'Moerheim Beauty' und zinnoberrote *Dahlia* 'Bishop of Llandaff'.

Zur Akzentuierung können kräftige Kontrastfarben dienen, so ein violettblauer Eisenhut *Aconitum* 'Spark's Variety' und *Eryngium* × *oliverianum* mit metallisch blauem Glanz und stacheliger Gestalt. Mit einigen dichtgepackten Flecken Grün und Braun wirkt dies nicht zu intensiv. Alle obengenannten Pflanzen haben grünes Laub mit Komplementärwirkung, während *Sambucus nigra* 'Guincho Purple' mit dunkelbraunen Blättern im Hintergrund verbindet und besänftigt. Auch dichte Massen von *Rosa moyesii* 'Geranium' mit farnartigen frischgrünen Blättern und schimmernden bauchigen Hagebutten sowie die moderne Hybride *Rosa* 'Scharlachglut' mit ebenfalls roten Hagebutten wirken hier gut. Das Laub zwischen diesen Pflanzen sollte auffällig sein; so passen z.B. eine große rotblättrige *Berberis thunbergii atropurpurea*, braunblättriger *Viburnum sargentii* 'Onondaga', graues *Phormium tenax* und zarte bronzefarbene Fenchel ins Gesamtbild.

Oben links

Dunkelrote Wegerichblätter *(Plantago)* harmonieren mit leuchtendroten Kapuzinerkresseblüten. Rot blühen auch Dahlien und Astrantien.

Oben Mitte

Hier umgeben Dahlien, Ziertabak und Rosen in Rottönen stattliche gelbe Blütenkolben von *Kniphofia* 'Goldelse', die helleuchtende Farbtupfer in das vorwiegend rote Beet bringen.

Oben rechts

Die Scharlachrot-, Orange- und Chromtöne von *Helenium* 'Butterpat', *Dahlia* 'Tally-ho' und *Achillea* 'Coronation Gold' ergeben hier zusammen mit intensiv roten Montbretien eine »feurige« Rabatte.

Eine kühle Rabatte Kühle Farbzusammenstellungen mit Blau-, Rosa-, Lavendel-, Malven-, Zitronen- und Cremetönen eignen sich für größere Flächen mit verschiedenen Sträuchern und Stauden, aber auch für einen kleineren, schattigen Gartenbereich. Auch für Bodendecker auf Kies bieten sich solche Farben in vielfältiger Textur und Form an. Auf größeren Flächen kann man einige kräftigere Farben einstreuen, damit das Beet in der Mittagssonne nicht zu blaß wirkt.

Immergrüne Pflanzen wie Escallonien, *Carpenteria californica* mit dunklen Blättern und weißen Blüten und *Garrya elliptica* bilden einen konturgebenden Hintergrund. An geschützten Standorten sorgen *Pyrus salicifolia* 'Pendula' und verschiedene Sorten von *Pittosporum tenuifolium* für helle und panaschierte Farben. An laubabwerfenden Sträuchern eignen sich *Rhodotypos scandens* mit strukturierten Blättern und der ausladende, im Spätwinter blühende *Stachyurus praecox*. Rundliche Sträucher wie *Potentilla fruticosa* 'Primrose Beauty' sind ebenfalls möglich.

Wermut, Heiligenkraut, Ziest und Lavendel mit ihren silbernen Blättern passen ausgezeichnet in kühle Rabatten. Bei den Blütenfarben sollten es die blasseren Varianten sein, so die cremefarbene *Achillea* 'Anthea', blaßgelbes *Verbascum chaixii* 'Gainsborough' und primelgelber × *Solidaster luteus* 'Lemore'. Glockenblumen, Skabiosen und *Agapanthus* gibt es ebenfalls in blaßblauen Sorten, während *Anchusa azurea* 'Opal' sich auffällig hellblau präsentiert. Es gibt auch eine Reihe rosafarbener Blumen, darunter Malven, *Sidalcea* und Nelken, sowie Staudengeranien, Astilben, Monarden und *Eremurus*. Viele bläuliche Pflanzen wie Wiesenraute, Lavendel, Schaumkraut und Veilchen treten auch in lila Varianten auf. Die hohe blaßviolette *Verbena bonariensis* kann sich ihren Weg durch höhere Stauden bahnen, während der violett angehauchte *Acanthus spinosus* als statische Form in der Pflanzengruppe wirkt. Auch Rittersporn, Lupinen, Taglilien, Storchschnabel und Irishybriden in kühlen Farben lassen sich einbeziehen.

Links oben
Lila Katzenminze, hellblauer Rittersporn, violette *Rosa* 'Veilchenblau' mit rosa *R.* 'Madame Knorr'.

Links Mitte
Eine Pergola mit pastellfarbenen Rosen. Bald wird blühender Lavendel für noch mehr Romantik sorgen.

Links
***Philadelphus* 'Boule d'Argent' und *Rosa* 'Pink Bells' zwischen Glockenblumen und Lichtnelken.**

An schattigen Standorten, vor allem mit feuchter Erde, sind kräftiges Hellblau und Weiß ideal. Diese Farben leuchten in schwachem Licht besonders stark. So sind der 6 m hohe weißblühende Scheineller *(Clethra arborea)* und die kleinere, 3 m hohe rosafarbene Lorbeerrose *(Kalmia latifolia)* für Halbschatten geeignet. Letztere benötigt wie hellrosa Lavendel und weiße Rhododendren sauren Boden. Mit etwas mehr Licht gedeiht die Baumpäonie *Paeonia suffruticosa* 'Rock's Variety' sehr gut. Diese Sträucher sollte man mit Fingerhut, rosa und weißer *Anemone* × *hybrida* und cremefarbener *Smilacina racemosa* sowie Farnen und helleren Astilben kombinieren, deren Farben im Schatten gut zur Geltung kommen. Zwischen schattenliebende Heidegewächse (Erikazeen) setzt man einige Zwiebelpflanzen wie Schneeglöckchen, Märzenbecher, *Lilium martagon* und *Camassia leichtlinii*.

Für einen sonnigen Garten wählt man eher robuste bodendeckende Steingartenpflanzen, Zwergsträucher wie *Cistus* 'Silver Pink' mit grauen

Blättern und hellrosa Blüten und den immergrünen × *Halimiocistus sahucii*, vor dessen dunklen Blättern sich die weißen Blüten deutlich abheben. Auch die kleine immergrüne Säckelblume *Ceanothus thyrsiflorus repens* mit ihren blauen Blüten, Lavendel, Heiligenkräuter und *Convolvulus cneorum* sind geeignet, ebenso einige kleine rosa, weiße oder blaue Seidelbaststräucher oder *Parahebe catarractae*.

Sonnenröschen wie das helle *Helianthemum* 'Wisley Pink' bilden flache Blütenhügel, während viele *Dianthus*-Formen, alpine Storchschnäbel, kleine Ehrenpreise, Glockenblumen und Grasnelken blasse Blüten ausbilden. Einige hübsch geformte, etwas größere Pflanzen wie hellblauer Lein *(Linum perenne)*, blaue, rosa oder weiße Akeleien oder Gräser wie *Pennisetum orientale* mit seinen hellen Blüten oder das zierliche, daunige *Stipa tenuissima* sorgen für Kontur.

Auch Rosen gibt es in vielen kühlen Pastellfarben, z.B. in weichem Rosa, Hellgelb und Creme. Rosen brauchen einen offenen, sonnigen Standort und feuchten, aber durchlässigen Boden. Je nachdem, ob man sich für Bodendecker-, Strauch- oder Kletterrosen entscheidet, kann man unterschiedliche Höhen mit ihnen gestalten. Zu Rosen passen Lavendel, blaublühende *Ruta graveolens* und weicher grauer oder purpurfarbener Salbei *(Salvia officinalis)*.

Rechts oben

***Rosa* 'Bonica' und *Penstemon* 'Hidcote Pink' blühen in fast demselben Farbton neben dunkler *Clematis* 'Etoile Violette' und dem grau-purpurnen Laub von *Rosa glauca*.**

Rechts

Pastellfarben: Rittersporn und *Argyranthemum* 'Jamaica Primrose' in Weiß, cremefarbene *Scabiosa columbaria ochroleuca* und gelbe Lupinen.

Rechts

Harmonische Kombination von Kirschrot und Violett: *Salvia × superba* vor Stockrosen *(Alcea rosea), Dahlia* 'Rutland Water' und einigen Knautien *(Knautia macedonica).*

Unten

Eine Pergola mit Kletterrosen, darunter weinrote *Rosa* 'Bleu Magenta', *R.* 'Bantry Bay' in kühlem Rosa und die hübsche weiße *R.* 'Wedding Day'. Als Unterwuchs dient pastellblaue Katzenminze.

S. 99: Links

***Tulipa* 'Queen of Night' ist mit fast schwarzen Blüten ein auffälliger Frühlingsblüher. Sie kontrastiert mit *T.* 'Magier' und einem Meer von *Myosotis* 'Blue Ball' sowie violetten Veilchen.**

Rechts

Fuchsienrote Gladiolen *(Gladiolus communis byzantinus)* bilden mit *Iris* 'Wild Echo', weinrotem *Cirsium rivulare* 'Atropurpureum' und *Lunaria annua* eine kraftvolle Farbkombination.

Weinrot, Purpur, Mittelblau und Grün Die Wirkung von Farben spielerisch zu entdecken kann bei der Gartengestaltung besondere Freude bereiten. Benutzt man Farben der gleichen Helligkeitsstufe oder Schattierung wie bei dieser Kombination aus Weinrot, Purpur, Mittelblau und Grün, kann man spektakuläre Ergebnisse erzielen.

Den Hintergrund sollte man möglichst dunkel halten, z.B. mit purpurroten Blättern von *Cotinus coggygria* 'Rubifolius'. Als Nachbar eignet sich großer *Viburnum rhytidophyllum* mit groben mittelgrünen Blättern, die einen Oberflächenstruktur-Kontrast bieten, ohne mit den Farbschattierungen in Konkurrenz zu treten. Hohe *Buddleja davidii* 'Black Knight' oder *B. d.* 'Royal Red' steuert violette bzw. karminrote Blütenrispen bei. Blaue Stechpalmen wie *Ilex* × *meserveae* 'Blue Princess' sind ebenfalls dunkelgrün, aber ihre glänzenden Blätter schimmern blau. Im Frühling passen blaue Vergißmeinnicht *(Myosotis)* ins Bild, die besonders gut mit dunklen, purpurvioletten Tulpen wirken. Für den Sommer eignet sich *Cistus* × *pulverulentus* mit dunkelgrünem Laub und kirschroten Blüten, sofern er genug Sonne bekommt. Der Losbaum *Clerodendrum trichotomum fargesii* mit seinen mittelgrünen Blättern wirkt die meiste Zeit des Jahres neutral, doch im Spätsommer trägt er außergewöhnliche blaue Beeren, die von einer Krause weinroter Kelchblätter umrahmt werden. Ein anderer Strauch für die Spätsaison ist *Callicarpa bodinieri* 'Profusion' mit violetten Früchten, die wie lackiert wirken. Kletterpflanzen wie *Clematis* 'Rouge Cardinal', *C.* 'Niobe', *C. viticella*, die intensiv blaue *C.* 'Polish Spirit' und der purpurblättrige Wein *Vitis vinifera* 'Purpurea' bringen weiter oben Farbe ins Spiel. Gut machen sich in diesem Farbschema vier Stauden: *Anchusa azurea* 'Royal Blue', *Aconitum* 'Spark's Variety', *Agapanthus* 'Bressingham Blue' und *Salvia* × *sylvestris* 'Mainacht'. Zur Verstärkung des Violetteffekts kann man rotviolettes *Lythrum salicaria* 'Feuerkerze' und *Sidalcea* 'Croftway Red' mit *Phlox paniculata* 'Vintage Wine' und einigen Tupfern weinroter *Knautia macedonica* kombinieren.

Ritterspornhybriden gibt es ebenfalls in vielen Purpur-, Lila und Blautönen. Magentarotes *Geranium psilostemon* wirkt elektrisierend. Man kann auch einige hellere Blautöne beimengen, z.B. blauviolette *Salvia sclarea turkestanica* und mittelblaue Kornblumen. Später im Jahr bieten sich blaue und violette Astern an, z.B. *Aster novi-belgii* 'Carnival', versetzt mit purpurfarbenem *Allium*, *Liriope muscari* oder Lavendel.

Helles Grün wie das von *Helleborus foetidus* bringt sehr früh im Jahr Leben ins Bild. Später erfüllen grüne Blütenkolben von *Kniphofia* 'Green Jade' und die lockeren grünen Blütenrispen von *Heuchera* 'Green Ivory' diesen Zweck. Auch eine grünlichweiße *Astrantia major*, kombiniert mit karminrotblättriger *Ajuga reptans* 'Burgundy Glow' als Bodendecker, läßt sich verwenden.

UNGEWÖHNLICHE FARBKOMBINATIONEN

Ähnlich wie Matisse in der Malerei Farbkombinationen revolutionierte, versuchen heute Gärtner mit Farben zu experimentieren, sogar mit ungewöhnlichen Farben wie Schwarz, Limonengrün oder Karminrot.

Orangebraun, Rost, Limonengrün und Dunkelviolett Die zuvor beschriebenen Violett- und Grüntöne wirken völlig anders, wenn man sie mit warmen statt kühlen Farben kombiniert. Orange und Rostrot ergeben mit Violett eine kraftvolle Komplementärwirkung. Rittersporn gibt es in mehreren violetten Sorten, z.B. *Delphinium* 'Finsteraarhorn' mit kräftigvioletten Blütenblättern und schwarzen »Augen« sowie den dunkelvioletten *D.* 'Purple Triumph'. Die kleinere Belladonnahybride *D. belladonna* 'Völkerfrieden' leuchtet intensiv enzianblauviolett.

Solche ausdrucksstarken Pflanzen sollte man für lebendige Kontraste mit leuchtend orangefarbenen *Crocosmia* 'Lucifer' zusammensetzen. Als Hintergrund eignet sich der große kupferviolette Strauch *Corylus maxima* 'Purpurea'. Der violettstichige Wilde Wein *(Parthenocissus tricuspidata)* leuchtet im Herbst, im Sommer strahlen die scharlachrot-orangefarbenen Blüten der Glockenrebe *(Campsis radicans).*

Im Frühjahr verstärkt *Euphorbia griffithii* 'Fireglow' die Orangetöne. Im Frühsommer setzen Irishybriden wie *Iris* 'Autumn Leaves' bronzene und kastanienbraune Akzente. Im Hochsommer hellen Tigerlilien die Rabatte auf, später bringen Taglilien Zimt- und Bronzetöne, Kupfer- und Indischrotschattierungen ins Spiel.

Das orangerote Leuchten läßt sich durch *Phormium* 'Sundowner', *P.* 'Apricot Queen' und das kleinere *P.* 'Bronze Baby' noch verstärken.

Scharlachrot-pfirsichfarbene *Achillea* 'Fanal' und *A. millefolium* 'Paprika' passen ebenfalls. Die leuchtende *Rudbeckia hirta* 'Marmalade' spricht für sich, die roten *Astilbe* 'Fanal' und *A.* 'Granat' sind für feuchten Boden gut geeignet. Die Gelb-Orange-Kombination kann in den Blüten von *Verbascum chaixii* 'Cotswold Queen' Widerhall finden.

Später im Jahr lassen sich die lebendigen gelb- bis orangebraunen Farben der Sonnenbraut *(Helenium)* einbringen. Ihre Farben werden durch die veilchenblauen Blüten einer Säckelblume wie *Ceanothus* 'Delight' und kräftigblaue *Ceratostigma willmottianum* ins rechte Licht gerückt. Der orangerote *Phygelius capensis* 'Coccineus' blüht zur gleichen Zeit. Die feurigen Kolben der bronzefarbenen *Kniphofia galpinii* und der scharlachroten *K.* 'Samuel's Sensation' bewegen sich im gleichen Farbfeld.

Grünkolbige Zuchtformen wie *K.* 'Green Jade' kontrastieren mit Rost-, Scharlachorange- und Purpurtönen. *Alchemilla mollis* mit pastellgrünem Laub und limonengrünen Blüten paßt ebenfalls, außerdem *Nicotiana langsdorffii* mit limonengrünen Glockenblüten und die Muschelblume *(Moluccella laevis).*

UNGEWÖHNLICHE FARBKOMBINATIONEN

DUNKELORANGE

***Crocosmia* × *crocosmiiflora* 'Solfaterre'**
Knollenpflanze mit goldorangefarbenen Blüten und bronzefarbenen Blättern.

***Hemerocallis* 'Burning Daylight'**
Staude mit dunklen, glutorangefarbenen Blüten.

***Kniphofia* 'Shining Sceptre'**
Aufrechte Staude mit goldorangefarbenen Blütenähren.

ROSTROT

***Helenium* 'Moerheim Beauty'**
Staude mit bronzeroten Köpfchenblüten und dunklen Blättern.

***Hemerocallis* 'Stafford'**
Staude mit dunkel scharlachroten Blüten mit gelbem Schlund.

***Hemerocallis* 'Mrs. Hugh Johnson'**
Staude mit kräftig mahagoniroten Blüten.

LIMONENGRÜN

Euphorbia characias wulfenii
Rundlicher Strauch mit limonengrünen Blüten und blaugrünen Blättern.

***Kniphofia* 'Percy's Pride'**
Staude mit hohen grün getönten, cremegelben Blütenkolben.

PURPURVIOLETT

***Delphinium belladonna* 'Lamartine'**
Staude mit purpurblauen Blüten.

***Iris* 'Black Swan'**
Eine Bartiris mit dunkelvioletten Blüten und blaugrünen Blättern.

***Veronica spicata* 'Romiley Purple'**
Horstbildende Staude mit Ähren aus kleinen violetten Blüten.

Obere Reihe
Links **Die feuerrote Montbretie *Crocosmia* 'Lucifer'.** Mitte **Rotgoldene *Hemerocallis* mit gelbgrüner *Solidago* 'Mimosa'.** Rechts **Wie Flammmen ragen orangefarbene Blätter von *Libertia peregrinans* zwischen violetter *Muscari botryoides* hervor.**
Mittlere Reihe
Links **Blaues *Polemonium* und orangegelbe Inkalilien vor gelbgrünem *Philadelphus coronarius* 'Aureus'.** Mitte **Purpurfarbene Ochsenzunge hinter orangefarbenen Dahlien.** Rechts **Pflaumenrote *Astrantia major* 'Claret' mit violetter *Clematis*.**
Untere Reihe
Links **Eine klassische Kombination: Vergißmeinnicht mit orangefarbenen Tulpen.** Mitte **Orangefarbene Ringelblumen mit rot-weißer Akelei.** Rechts **Magentaroter Zierkohl zwischen orangefarbenen Ringelblumen und Kalifornischem Mohn.**

Schokolade, Purpur und Zitrone Mit besonders dunklen Farben wie Schokoladenbraun oder Purpurviolett lassen sich Kontraste schaffen und wirkungsvolle Akzente setzen. Ideal ist ein Rahmen, wie ihn dunkle Blattpflanzen wie der purpurviolette Holunder *Sambucus nigra* 'Guincho Purple', die bronzefarbene Bluthasel *Corylus maxima* 'Purpurea' und die Blutbuche *Fagus sylvatica* 'Purpureopendula' bilden. Wo Licht auf den vorderen Bereich einer Rabatte fällt, passen auch der staubig dunkelrote Perückenstrauch *Cotinus coggygria* 'Royal Purple' und die schwärzlichrote Berberitze *Berberis thunbergii atropurpurea*. Vor diesen dunklen Sträuchern kommen helle Blätter oder zitronengelbe Blüten wunderbar zur Geltung. Manchmal wirken Gegensätze harmonisch wie im chinesischen Yin-Yang-Prinzip. So können dunkle Blüten zwischen hellem Laub (z.B. von Wermut) und Pastellblüten für Struktur sorgen. Aus diesem Grund sät man den robusten Roten Bergspinat *(Atriplex hortensis rubra)* oft in weiche graue Rabatten. Wer diesen Kontrast als zu flach empfindet, kann zusätzlich dichte Flecken dunklen Rittersporns (*Delphinium* 'Black Night') zwischen die 90 cm hohe Schafgarbe *Achillea* 'Moonshine' oder 60 cm hohen schokoladenbraunen Zweizahn *(Cosmos atrosanguineus)* setzen.

Das wohl dominanteste dunkle Gewächs ist der Schwarze Germer *(Veratrum nigrum)*, eine erhabene Pflanze mit rötlich-schokoladenfarbenen Blütenähren und üppigem, plissiertem dunkelgrünem Laub. Sie ist allerdings nicht ganz pflegeleicht, denn sie braucht Feuchtigkeit und Sonne oder Halbschatten. Die 1,8 m hohe *Cimicifuga simplex* 'Brunette' benötigt einen feuchten Standort im Halbschatten. Die weißen Blüten brechen spät im Jahr zwischen den bronzefarben-schwarzen Blättern hervor. Weniger anspruchsvoll ist der auch im trockenen Schatten wachsende Storchschnabel *Geranium phaeum* mit kleinen purpur-schwarzen Blüten auf schlanken Stengeln.

Oben links

Die rotvioletten Blüten von *Geranium* 'Patricia' bilden mit den primelgelben Blütendolden von *Achillea* 'Martina' einen hübschen Kontrast.

Oben Mitte

***Geranium psilostemon* hat magentarote Blüten mit schwarzem Schlund. Als Kontrast dienen leuchtendgelbe Schafgarbendolden.**

Oben rechts

***Monarda* 'Cherokee' mit schokoladenbraunen Köpfchen und blaßrosa Strahlen wurde hier mit cremefarbener *Artemisia* 'Jim Russell' und blutblättrigen, weinrot blühenden *Atriplex hortensis rubra* kombiniert.**

Auch unter den Schwert- und Taglilien kann man sich nach passenden Hybridformen für dieses Schema umsehen. Geeignet sind z.B. die braune *Iris* 'Dusky Challenger', *I.* 'Brown Trout', *I.* 'Brownstone' und *I.* 'Bronze Cloud'. Außerdem gibt es einige schöne Taglilien wie die dunkel karmesinrote *Hemerocallis* 'Black Magic'. Sie bringt eine »schwüle« Atmosphäre ins Blumenbeet.

Bei der Wahl gelber Pflanzen, die sich mit den dunklen Braun- und Violettönen kombinieren lassen, sollte man auf kühle, helle Gelbtöne zurückgreifen, denn sie bewirken weichere Kontraste als z.B. grelles Kanariengelb. Glücklicherweise gibt es viele gelbblühende Pflanzen in diesem kühlen Spektrum. Dazu gehören das 45 cm hohe Mädchenauge *Coreopsis verticillata* 'Moonbeam' und die hohe, verzweigte Königskerze *Verbascum chaixii* 'Gainsborough', deren hellgelbe Blütenstände bis über 1,5 m hoch zwischen den wolligen grauen Blättern aufragen. Auch ein 1,2 m hoher Schuppenkopf *(Cephalaria gigantea)* macht sich gut. Diese gelbe Staude trägt im Frühsommer nadelkissenartige Köpfe primelgelber Blüten. Geeignet ist auch die zitronengelbe Färberkamille *Anthemis tinctoria* 'E.C. Buxton' mit Köpfchenblüten sowie die Fackellilie *Kniphofia* 'Little Maid' mit Blütenkolben,

Oben links

Zauberhafte herbstliche Kontraste: die Bronzeblätter von *Heuchera* 'Palace Purple' neben Silberblättern von *Artemisia* 'Powis Castle' und rosavioletter *Aster amellus* 'Pink Zenith'.

Oben Mitte

Mahagonifarbene *Iris* 'Kent Pride' in einem Meer purpurblättriger *Heuchera* 'Rachel'. Für farbliche Übergänge sorgt *Erysimum* 'Bowles Mauve'.

Oben rechts

Eine prachtvolle Farbkombination mit Gemüsepflanzen: dunkelgrünes Möhrenkraut, violetter Rotkohl, rotbraun-gelber Lollo-Rosso-Salat, bronzefarbener Fenchel und hellgrüne Petersilie.

die mit zunehmender Reife immer weißer werden und dann noch stärker ins Auge fallen. Auch die vielseitigen Taglilien haben einige passende hellgelbe Vertreter zu bieten, darunter beispielsweise *Hemerocallis* 'Classy Lassie'. Die doldigen Blütenstände der Schafgarben *Achillea* 'Taygetea' und *A.* 'Moonshine' bringen im Sommer ebenfalls Gelb ins Spiel. Mit bunten Blättern wartet z.B. das zarte bräunlichgelbe Weiche Flattergras *Milium effusum* 'Aureum' auf, das sich selbst durch Samen vermehrt, ohne dabei zu stark überhandzunehmen. Es bewegt sich sanft im Wind und bringt so neben Farbe auch Bewegung in die Komposition.

Bunte Mischung Vielleicht sagen die bisher abgehandelten Gestaltungsvorschläge dem einen oder anderen Gartenfreund nicht zu, weil er sich nicht auf bestimmte Farben einengen lassen will, sondern eine bunte Mischung in allen Regenbogenfarben ansprechender findet. Meist wirkt es jedoch nicht gut, wenn man einfach alles, was einem in die Hände fällt, aufs nächstbeste freie Plätzchen pflanzt. Wie sollte man also vorgehen? Und was stellen wir uns unter sommerlicher Farbenpracht überhaupt vor? Ein buntes Farbengewirr oder eher ein wohlarrangiertes »Fest der Farben«? Wenn der Anblick eines Blumenbeetes ein Augenschmaus werden soll, will die Gestaltung gut überlegt sein. Ein buntes Blumenbeet sollte sich nicht auf die Primärfarben Rot, Gelb und Blau vor grünem Blätterhintergrund beschränken, sondern auch Blüten in dunklem Violett, zartem Blau, Rost- und Weinrot, in Pfirsichfarben und Rosa, Primel- und Zitronengelb sowie eine Fülle neutraler Grüntöne einbeziehen. Brillante Effekte erzielt man, wenn man die Farben nach Helligkeit und Farbintensität auswählt. Bei Tag- und Schwertlilien, Storchschnabel, Salbei, Rittersporn, Glockenblumen, Phlox und Lilien findet man Sorten in nahezu allen Farbwerten. Weiterhin gibt es eine Fülle von Ziergräsern, darunter grün-weiß gestreifte. Man kann blasse oder satte, warme oder kühle Schattierungen wählen. Die Farben sollten im ganzen Garten oder zumindest im ganzen Beet immer wieder in unterschiedlichen Formen und Größen auftreten; die große Auswahl an Sorten macht dies möglich. Als Wiederholungsformen kann man kugelige, grasartige, horizontal geschichtete oder schwertförmige Silhouetten in Betracht ziehen.

Wenn man unterschiedliche Töne dieser Grundfarben verwendet, wirkt der Garten wie in pfirsichfarbenes Licht getaucht. Leuchtendes Gold und Sonnengelb wirken durch Scharlachrot wärmer. Ausgeprägte Orangeschattierungen können mit Kupfer abgemildert und Burgunderrot sowie Marineblau durch Aprikosen-, Melonen- und Cremetöne aufgehellt werden. Die Kombination mutet festlich an, wenn alle Primär- und Sekundärfarben vertreten sind. Sonnenhut, Dahlien, *Helenium*, *Heliopsis*, *Ranunculus*, *Kniphofia*, *Geum*, *Trollius*, *Euphorbia*, *Potentilla*, Mohn, *Lychnis*, Rittersporn, *Gaillardia* und *Crocosmia* liefern die Farben. Helles Frühlingsgrün sowie bronzefarbenes und panaschiertes Laub harmonieren gut mit den sich vielerorts wiederholenden Farben. Auch hierfür bieten sich etliche Pflanzen an. Zur Neutralisierung sollte man einige wenige graue oder weiße Pflanzen einbringen.

Creme ist insofern eine Farbe von besonderem Wert, als sie Verbindungen zwischen den unterschiedlichsten Elementen schafft. Anders als Weiß oder Silbergrau, die stark ins Auge fallen können, verschmilzt Creme mit warmen und kühlen Partnern und fügt sich sowohl in helle wie auch in dunkle Gartenbilder. Wenn man traditionelle bunte Blumenmischungen betrachtet, fällt auf, daß dabei häufig Cremetöne eine Rolle spielen. Was seit langer Zeit dem Auge schmeichelt, tut es auch heute noch.

BUNTE MISCHUNG

FRÜHLING BIS HOCHSOMMER

***Allium hollandicum* 'Purple Sensation'**
Dunkel rosaviolette Kugeln.

***Anchusa azurea* 'Opal'**
Massen hellblauer Blüten.

***Lupinus* 'The Page'**
Hohe karminrote Blütenähren.

Thalictrum aquilegifolium
Rosalila Blütenhorste.

HOCHSOMMER BIS SPÄTSOMMER

***Achillea filipendulina* 'Gold Plate'**
Kräftiggelbe Blütendolden.

***Aconitum* 'Spark's Variety'**
Helmartige dunkelviolette Blüten.

***Coreopsis verticillata* 'Moonbeam'**
Hellzitronengelbe Korbblüten.

Lychnis chalcedonica
Horstbildende Staude mit scharlachroten Blüten.

Potentilla atrosanguinea
Rispen leuchtendroter Einzelblüten.

S.104: Oben links
Ein zwangloses Blumenbeet in unterschiedlichen Rosa- und Orangetönen, u.a. mit rosa *Ranunculus*, *Nemesia* und *Heuchera* 'Rachel'.

S.104: Oben rechts
Aus einer bunten Mischung zweifarbiger Leinblüten *(Linaria maroccana)* ragen bunte Blüten von *Ranunculus* und *Nemesia* hervor.

S.104: Unten
Ein farbenfrohes Blütenmeer in zwei Ebenen: Buntgemischte Tulpenhybriden überragen gefüllte Maßliebchen *(Bellis perennis)* und Vergißmeinnicht *(Myosotis)*.

Oben rechts
Zierlauch *(Allium)*, bunt gemischt u.a. mit *Penstemon* 'Garnet' und Glockenblumen.

FARBEN FÜRS GANZE JAHR

Die meisten heutigen Gärten sind eher klein und eng mit dem Alltagsleben verbunden, sollen aber dennoch das ganze Jahr über Freude bereiten. Ausdauernde immergrüne Pflanzen bilden einen Rahmen, der den Garten ganzjährig strukturiert, während die Blätter von Laubbäumen und -sträuchern, spätblühende Kräuter und Stauden sowie frühblühende Zwiebelpflanzen im Herbst, Winter und Frühling Farbakzente setzen.

Herbstfarben Das Angebot an herbstblühenden Pflanzen ist groß. So gibt es rosa und weiße Hybrid-Anemonen, blaue, violette und magentarote Astern, blauen und weißen *Agapanthus*, gelborangefarbenen Sonnenhut, cremefarbene *Cimicifuga* sowie rosa und rote *Persicaria*. Die großen weißen Korbblüten von *Leucanthemella serotina* (syn. *Chrysanthemum uliginosum*) hellen die trübe Jahreszeit auf. Spaltgriffel *(Schizostylis)* halten sich auch bei leichtem Frost fast bis Weihnachten. Herbstblühende Krokusse und Herbstzeitlosen sind rosa oder violett. Hübsch machen sich auch die schmetterlingsähnlichen Blüten von Alpenveilchen. Herbstblumen sind ein schöner Anblick, doch einen Farbenrausch wie im Sommer darf man nicht erwarten.

Die rauhe Luft und das helle Licht verändern die Farben. Überall sieht man leuchtendes Orange und Gold, sonst unscheinbares Laub färbt sich prachtvoll rot. So leuchtet z.B. der Persische Eisenholzbaum *(Parrotia persica)* intensiv, wird der Amberbaum *(Liquidambar styraciflua)* zinnoberrot-purpurn, glühen Eichen feurig und übertreffen sich Ahornbäume jedes Jahr erneut. Weinreben und Wilder Wein überziehen Mauern mit ihren flammenden Farben.

An Stechpalmen, Ebereschen, Mispeln, Feuerdorn, Apfelbäumen und Rosen entwickeln sich hübsche rote, orangefarbene und gelbe Früchte. Attraktiv wirken Einzelfrüchte wie die goldfarbenen Äpfel von *Malus* 'Golden Hornet', andere treten in dichten Dolden oder Rispen auf wie bei *Sorbus scalaris*, und viele zeigen charakteristische Formen wie die flaschenförmigen Hagebutten von *Rosa moyesii*. Der Gemeine Schneeball *(Viburnum opulus)* trägt durchscheinende rote Beeren, *Sorbus vilmorinii* rosa überhauchte, die Früchte der Schneebeere *(Symphoricarpos albus)* sind rein weiß, und die von *Mahonia aquifolium* präsentieren sich blau.

Immer häufiger schneiden Gärtner die trockenen Blütenköpfe im Herbst nicht ab, weil der Frost z.B. auf *Sedum* 'Herbstfreude' und *Hydrangea arborescens* hübsch zur Wirkung kommt. Auch die Fruchtstände von Karden, die papierweißen Scheidewände des Silberblatts, die zarten Früchte von *Physalis alkekengi franchetii* und die geflügelten Früchte mancher Japanischer Ahorne sind schön.

Links oben

Leuchtendroter *Euonymus alata aptera* kontrastiert mit Zieräpfeln von *Malus* 'Butterball'.

Links obere Mitte

***Berberis thunbergii* 'Silver Beauty' mit scharlachroten Blättern hinter den Blüten von *Fuchsia magellanica gracilis* 'Variegata'.**

Links untere Mitte

Im Spätsommer ergänzen sich violette Astern und hellrosa *Sedum*-Dolden.

Links

Halbkugelige rosarote Hortensien, kombiniert mit stachelig wirkender graugrüner *Euphorbia*.

Rechts

Bordeauxroter *Acer palmatum* 'Osakazuki' wirkt prachtvoll zusammen mit gelber *Hamamelis mollis*.

Winterfarben Immergrüne Pflanzen bringen auch in die trübsten Wintertage einen hoffnungsvollen Farbschimmer. Die nördlichen Nadelbäume mögen in schneebedeckten Landschaften gleichförmig erscheinen, unseren Gärten jedoch geben sie Form und Struktur. Die wichtigste Form hoher Bäume ist die klassische schmale Vertikale (S.30–31), wenngleich es auch ausladende langlebige Zedern gibt. Für größere Gärten eignet sich die elegante Mähnenfichte *(Picea breweriana)* mit hängenden blaugrünen Zweigen, die an Anmut kaum zu übertreffen ist. Doch auch einige kleinere Koniferen sind zumindest sehr formschön, so der bleistiftschmale Wacholder *Juniperus scopulorum* 'Skyrocket' und die hängende fiederige Scheinzypresse *Chamaecyparis pisifera* 'Filifera Aurea'. Beliebt sind auch sich stark ausbreitende, kuppelbildende Bodendecker wie *J.* × *media* 'Pfitzeriana' und die niedrige *J. procumbens* 'Nana'. Mit vielseitigen Oberflächenstrukturen können Kiefern aufwarten, die es in vielen Formen und Farben gibt, darunter in Gold, Blau, Silber, Braun und panaschiert. Dichte moosgrüne Koniferen wie *Chamaecyparis obtusa* geben dem Garten ganzjährig Kontur.

Weitere in Frage kommende Immergrüne sind Mahonien, Berberitzen, Schneeball und Stechpalmen. Manche haben glänzende Blätter und sind heller grün, wie *Choisya ternata* und *Griselinia littoralis*. Panaschierte Sträucher sorgen auch im Winter für Farbe, darunter Formen von *Elaeagnus* × *ebbingei* und *Euonymus fortunei* 'Silver Queen'. Auch Hartriegel *(Cornus)* und einige Weidenbüsche mit roten oder gelben Zweigen bringen Farbe in den winterlichen Garten, ebenso Bäume wie *Prunus serrula* mit mahagonifarben glänzender Rinde, die kalkweiße *Betula jacquemontii* und der rotborkige Erdbeerbaum *(Arbutus andrachne)*. Konturen treten oft erst im Winter richtig hervor: Dann zeigt der Japanische Ahorn seine eleganten Wuchsformen, und die Windungen von *Salix matsudana* 'Toruosa' rücken vor dem grauen Himmel ins Blickfeld.

Auch Mahonien sollten hier genannt werden. *Mahonia japonica* hat duftende goldene Blütenrispen, und die Formen von *M.* × *media* sind zu Recht

Oben links

Immergrüner *Euonymus fortunei* 'Silver Queen' mit panaschierten Blättern bedeckt den Boden unter den kahlen leuchtendroten Stengeln des Hartriegels *Cornus alba* 'Sibirica'.

Links

Ein Bild der Stille: Bereifte pergamentfarbene Gräser, u.a. *Cortaderia selloana* 'Pumila' und *Pennisetum alopecuroides*, kontrastieren mit dunkelblättrigem *Phormium* und rostbraunem *Sedum* 'Herbstfreude'.

wegen ihrer Winterblüten beliebt. Auch die Quasten von *Garrya elliptica* 'James Roof' und die gelben Blüten des Winterjasmins *(Jasminum nudiflorum),* der nach der Blüte geschnitten werden sollte, bieten einen schönen Anblick. Auch Forsythien sollte man beschneiden, sobald ihre früh erscheinenden gelben Blüten verwelkt sind.

Für sauren Boden eignen sich Heidegewächse als Winterblüher. Es gibt drei Gattungen: *Calluna*, *Daboecia* und *Erica*. Man sollte sie mit frühblühenden Kamelien, Rhododendren, rotblättriger Lavendelheide und Skimmien mit Winterbeeren und frühen Blüten kombinieren. Auf nahezu jedem Boden außer sehr nährstoffarmem Kalkboden blühen im Winter Zaubernußstäucher *(Hamamelis)*. Gut gepflegt und gedüngt bringen sie prachtvolle gelbe oder orangerote Blüten hervor. *H. mollis* 'Pallida' ist dicht mit hellgelben Blüten besetzt, *H.* × *intermedia* 'Diane' blüht tiefrot. Alle Sorten haben einen ausladenden Wuchs und duften. Dies gilt auch für den oft vernachlässigten Strauch *Lonicera* × *purpusii* 'Winter Beauty'.

Nicht vergessen sollte man die Ziergräser, die spät im Jahr an Bedeutung gewinnen. Die riesigen cremefarbenen Rispen der majestätischen Pampasgräser *(Cortaderia)* trotzen jedem Wetter. Etwas niedriger sind mit bis 2 m Höhe verschiedene Sorten von *Miscanthus sinensis* mit ähnlich fiederigen Blütenständen. Auf ihren Pergamentfarben wirkt glitzernder Reif besonders schön. Andere Gräser wie die fontänenartige *Stipa calamagrostis* sind von exquisitem Wuchs und selbst im Herbst zart gefärbt. *Carex* bleibt blau, silbern oder rotbraun, *Helictotrichon sempervirens* stahlblau und *Hakonechloa macra* 'Alboaurea' bronzegolden. Mit Schnee oder Reif bedeckt wirken sie dezent-elegant.

Die Christrosen mit ihren grünen, weißen oder blaßrosa Blüten sind die ersten Vorboten des Frühlings. *Brunnera* und Farne passen dazu ebensogut wie Schneeglöckchen, Winterling, Blaustern, Anemonen, Krokusse, kleine Irissorten und frühblühende Tulpen, die ihre Farben vor der vollen Blütenpracht des Frühlings entfalten.

Rechts oben

Im Winter harmonieren die hängenden Kätzchen von *Garrya elliptica* mit den bereiften Blättern der immergrünen *Euphorbia wulfenii* und *Brachyglottis compacta* 'Sunshine'.

Rechts

In Gärten unserer Breiten sind winterblühende Christrosen ein willkommener Anblick. Hier überragen die limonengrünen Blüten von *Helleborus foetidus* zarte weiße Schneeglöckchen.

ÖKOLOGISCHE PARTNER

DIE VORAUSSETZUNGEN: BODEN UND LICHT

Ein grundlegender Faktor für die Auswahl lebensraumtypischer Pflanzen sind die Bodenverhältnisse, der Schlüssel für ein gesundes Wachstum sind Nährstoffe.

Ebensowichtig wie die Chemie des Bodens ist seine Beschaffenheit: Ist er schwer oder leicht, ist er wasserdurchlässig oder naß? Da kaum ein Garten den idealen Boden aufweist, ist es wichtig, das Sand-Lehm-Verhältnis zu bestimmen. Sand findet sich in allen Böden; er macht sie leicht, luftig und wasserdurchlässig. Schwerer Lehmboden dagegen besteht aus feinen Teilchen, die verkleben, wenn sie verdichtet werden, und dann Luft ausschließen, aber Wasser halten. Jede Bodensorte hat ihre Vorteile: Sand ist nährstoffarm, trocknet leicht aus, erwärmt sich aber schnell im Frühjahr, während mineralstoffreicher Lehm sich leicht mit Wasser vollsaugen kann, kühl bleibt und durchlüftet werden muß.

Komposterde verbessert jeden Boden. Mit Humus angereicherter Sandboden hält die Feuchtigkeit besser, und Lehmboden wird luftdurchlässiger. Lehmboden läßt sich auch durch Einarbeiten von körnigem Material, z.B. Kies, verbessern. Mit Kalk bildet Lehm kleine Klümpchen und wird krümelig. Gräbt man Lehmböden im Herbst um, kann der Frost sie aufbrechen und krümeliger machen.

Wichtig ist auch, daß man den pH-Wert des Bodens kennt. Mit einem pH-Test läßt sich feststellen, ob er sauer oder basisch ist. Erikagewächse und kalkunverträgliche Pflanzen gehen ein, wenn der Boden nicht sauer genug ist, andere Gewächse dagegen brauchen basischen Boden. Pflanzen, die bestimmte Ansprüche an den pH-Wert des Bodens stellen, werden auf S.128–132 behandelt. Die meisten Pflanzen vertragen leicht sauren Boden. Ideal ist ein pH-Wert von 6,5. Normalerweise ist es nicht nötig, die natürlichen Bodenverhältnisse zu verändern, allerdings kann man den Mineralstoffhaushalt durch Mineraldünger verbessern. Indem man mit dem Boden arbeitet, den man vorfindet, schafft man einen individuellen Garten. Es ist daher meist nicht ratsam, die Erde in einem Beet auszutauschen, weil dann der Garten als Ganzes den Zusammenhalt verliert. Möchte man unbedingt einige nicht zum Boden passende Pflanzen haben, kann man sich mit Kübeln oder Containern behelfen.

Oben

Auf feuchtem, schwach saurem Boden wachsen *Matteuccia struthiopteris, Rodgersia podophylla* und *Rhododendron hunnewellianum* 'Sappho'.

S.115: Oben links

An einer Südwand gedeihen graublättrige *Artemisia, Santolina, Euphorbia, Allium christophii* und *Rosa multiflora* 'Grevillei'.

Oben rechts

Eine Kiesdecke hält feucht und kühlt die Wurzeln von *Allium christophii, Armeria maritima* 'Düsseldorfer Stolz' und *Salvia multicaulis*.

Unten

Feuchter, saurer Boden und Halbschatten: ideal für *Rhododendron loderi* und die Azalee *R. luteum*.

Tageslicht ist ebenfalls wichtig für Pflanzen, denn sie brauchen die Lichtenergie zur Herstellung von Nährstoffen. Mit Hilfe des grünen Blattfarbstoffs Chlorophyll, den nahezu alle Pflanzen aufweisen, können sie Sonnenenergie »einfangen« und in der Photosynthese aus Kohlendioxid und Wasser Traubenzucker und Sauerstoff herstellen. Über die Blätter geben die Pflanzen außerdem Wasser ab, das sie über die Wurzeln aufnehmen. Daher haben an unterschiedliche Licht- und Wasserverhältnisse angepaßte Pflanzen ganz unterschiedliche Blätter. Wo es kühl und feucht ist, sind die Blätter groß und kräftig grün. Im prallen Sonnenlicht sind sie oft mit feinen Haaren besetzt, die die Verdunstung herabsetzen, oder sie sind sehr schmal.

Die Evolution hat Pflanzen für nahezu alle Umweltbedingungen hervorgebracht. Durch Zucht hat der Mensch weitere, besonders anpassungsfähige Arten und Sorten geschaffen. Die Klimazone, in der wir leben, grenzt die Auswahl der geeigneten Pflanzen ein, doch es gibt auch Bereiche, in denen man ein besonderes Mikroklima nutzen kann. Im Westen Irlands z.B. gedeihen dank des warmen Golfstroms trotz der nördlichen Lage Pflanzen heißer Klimazonen. Man kann aber auch für bestimmte Pflanzen ein spezielles Mikroklima schaffen, z.B. eine sonnenbeschienene Mauer für zarte Kletterpflanzen oder ein erhöhtes steiniges Beet für Steingartenpflanzen. Bäume, Sträucher und hohe Zäune halten den Wind ab, und auch in Stadtgärten sind die Pflanzen weitgehend gegen Wetterextreme geschützt.

UNTERSCHIEDLICHE UMWELTBEDINGUNGEN

Damit die Natur bei der Gartengestaltung mitwirken kann, muß man berücksichtigen, daß Pflanzen bestimmte Ansprüche an Boden, Klima und Licht stellen. Gedeihen Pflanzen in freier Natur gut nebeneinander, kann man davon ausgehen, daß sie auch im Garten zusammenpassen.

Mediterrane Gärten Mediterrane Pflanzen kommen mit wenig Wasser aus und vertragen die Hitze langer Sommer. Sie gedeihen gut in Kiesbeeten, die ihre Wurzeln kühl halten. Viele dieser Pflanzen säen sich selbst aus, so daß immer wieder überraschende Effekte entstehen. Allerdings muß man gelegentlich durch Jäten eingreifen. Man kann zwar mittels einer Mulchfolie unter dem Kies verhindern, daß sich Unkraut ansiedelt, doch damit engt man die Natur stark ein.

Graublättrige Ölbäume symbolisieren die robuste Spannkraft der Mittelmeerpflanzen und wirken in einem Kräuterbeet graziös. Die duftende silberfarbene Vegetation ist ganz anders als die der gemäßigten Klimazonen und umfaßt u.a. Lavendel, Wollziest und wollige Salbeiarten. Halbsträucher wie *Perovskia atriplicifolia* sind zartgrau, Katzenminze, Rosmarin, Thymian, Raute, Ysop, Strohblumen und Königskerzen bringen eine krautige Note ins Spiel. Viele dieser Pflanzen bilden Polster, so daß ihre unterschiedlichen Oberflächen gut zur Geltung kommen. Hier und da kann man für Farbbrillanz sorgen, u.a. mit Sonnenrosen *(Helianthemum)*, Spornblumen, pastellblauen Skabiosen, Mohn und weißen Gänseblümchen, stacheligem Natternkopf, Schmucklilien, tiefblauer Ochsenzunge und *Euphorbia characias wulfenii.*

In größeren Gärten kann man mit großen stacheligen Blättern, fächerigen Palmen, Kakteen und *Cupressus sempervirens* 'Stricta' Mittelmeerszenarien schaffen. Stachelige Palmlilien lassen sich mit verschiedenen Palmen zu beeindruckenden Bildern kombinieren. Exoten wie blühende Bran-

Oben links

Eindrucksvoll: Silberfackelkakteen (*Cleistocactus* 'Rojo Card') vor einer Steinmauer.

Unten

***Papaver orientale* 'Juliane', *Anthemis punctata cupaniana* und *Agave americana* gedeihen gut in diesem trockenen Garten.**

Links

In einem trockenen Garten wachsen u.a. *Yucca gloriosa*, *Senecio mandraliscae* und *Aloë saponaria*.

Unten

Klassische Kombination: Agaven und Aloen.

daloen sorgen für eine subtropische Atmosphäre. Dickfleischige Sukkulenten wirken ebenso eindrucksvoll wie spitze Agaven. Die Formen der statischen Kakteen reichen von nadelkissenartigen Kugeln bis zu gerippten Säulen.

Zu den Bäumen und Sträuchern für trockene Standorte gehören goldene Mimosen, fiederige *Albizia*, veilchenblaue *Jacaranda* und rosa Tamarisken, die alle üppig blühen. Eine mittlere Blütenlage läßt sich mit Hibiskus, Seidelbast, Oleander, Sommerflieder, Zistrosen, Säckelblumen, Fingersträuchern und Myrte schaffen. Auch kletternde *Bougainvillea*, Bleiwurz, *Solanum* und *Wisteria* mit ihren oft aromatischen Blättern oder duftenden Blüten eignen sich. Eine Alternative sind Pflanzen mit dunkel- oder jadegrünem Laub.

Waldgärten In Waldgebieten natürlich wirkende Gärten anzulegen ist überraschend einfach, da Blätter hierbei eine größere Rolle spielen als Blüten. Besonders hinsichtlich des Unterwuchses sollte man jedoch auf die Lichtverhältnisse und natürlich auf die Bodenbeschaffenheit achten. In Laubwäldern trifft das meiste Licht im Frühjahr auf den Boden, wenn die Bäume noch keine Blätter tragen. Dann sorgen Zwiebelpflanzen wie *Anemone blanda, Galanthus elwesii,* Hasenglöckchen (*Hyacinthoides non-scripta,* syn. *Scilla non-scripta*) und *Cyclamen coum* für bunte Pracht. Zwischen dichtgepflanzten Bäumen sollten Lichtungen für Blumen bleiben, im Halbschatten oder am hellen Waldrand können auch Gartenpflanzen wachsen. Ab dem Frühsommer ist das Kronendach geschlossen, und die Licht-Schatten-Verhältnisse bleiben bis zum Herbst nahezu konstant.

Am schwierigsten ist es, im dunklen Schatten zu pflanzen. Hier überleben nur Gräser wie die Segge *Carex plantaginea*, die Drahtschmiele *(Deschampsia flexuosa)* und die Hainsimse *(Luzula sylvatica)* sowie Efeu und einige Farne. In helleren Schattenbereichen kann man natürliche Pflanzengesellschaften anlegen, ohne daß man dabei ausschließlich Wildformen verwen-

Oben

Anemonen *(Anemone blanda)* bilden einen Blütenteppich in Violett und Weiß. Da sie leichten Schatten bevorzugen, gedeihen sie ideal am Waldrand.

Kleines Bild rechts

Früh im Jahr blühen im zarten Grün des jungen Frühlingsgrases zierliche Schneeglöckchen *(Galanthus nivalis)* zwischen gelben Winterlingen *(Eranthis hyemalis).*

det. So passen in einen halbschattigen Waldgarten z.B. Lungenkraut, Waldmeister, Salomonssiegel und Aronstab, außerdem Gräser, Winterling, Farne, Wolfsmilch, Fingerhut und Primeln sowie Christrosen als Winterblüher. In einem stärker gestalteten Waldgarten sorgen Kirschlorbeerformen, Hartriegel, Holunder, Schneeball und immergrüne Aukuben für Masse, und auf saurem Boden kann man Rhododendren und Azaleen pflanzen.

Blumenwiesen oder blühender Unterwuchs wirken besonders reizvoll. Gut geeignet für naturnahe Waldgärten sind u.a. *Iris foetidissima* mit ihren orangefarbenen Winterfrüchten, blaublühende *Brunnera macrophylla* und Schwaden weißer Maiglöckchen. Am Waldrand machen sich auch Kulturformen wie *Geranium sylvaticum*, *G. macrorrhizum* und *Lilium martagon* gut. Im Spätsommer fügen sich *Anemone* × *hybrida* und Astilben in sanften Farben, Funkien und Glockenblumen harmonisch ins Bild. Bei der Auswahl von Zuchtformen sollte man bedenken, daß natürlich wirkende Waldpflanzen nicht schreiend bunt, sondern eher in zarten Farben gehalten sind.

Großes Bild links

Im Frühling gibt es kaum einen erhebenderen Anblick als eine Waldwiese mit einem duftenden Teppich blauer Hasenglöckchen *(Hyacinthoides non-scripta)*.

Unten

Im Spätfrühling brechen die weiß-purpurn gefleckten Blüten der Kiebitzeier oder Schachbrettblumen *(Fritillaria meleagris)* hervor (hier mit *Leucojum aestivum*, *Narcissus bulbocodium* und Schaumkraut).

Wildblumengärten Wer eine Wildblumenwiese anlegen will, muß die Beschaffenheit des Bodens und das örtliche Mikroklima sowie die Ansprüche der jeweiligen Wildblumen berücksichtigen.

Zunächst wird die Humusschicht abgetragen und der nährstoffarme Unterboden freigelegt, auf dem ein Magerrasen gedeihen kann. Bald keimen die unterschiedlichsten Pflanzen. Man sollte deshalb die Fläche erst einmal ein Jahr brachliegen lassen und regelmäßig alle unerwünschten Pflanzen entfernen. Danach sät man eine Wildblumenmischung aus dem Fachhandel aus. Die Zusammensetzung der Mischung hängt davon ab, ob der Boden kalkhaltig, feucht, trocken, sandig oder sauer ist. Odermennig, Margeriten, Flockenblumen, Weißklee, Mädesüß, Skabiosen, Rainfarn, Spornblumen und Wicken bevorzugen Kalkboden, auf leicht saurem Boden wachsen Ziest, Kornblumen, Gänseblümchen, Vergißmeinnicht, Glockenblumen, wilde Stiefmütterchen und Mohn. Für feuchten Lehmboden eignen sich Lichtnelken, Himmelschlüssel, Wiesenstorchschnabel, Braunelle und Schafgarbe. Man sät im Herbst auf vorbereiteten, gut geharkten Boden und schneidet die Wildblumenwiese im ersten Jahr dreimal. Sie entwickelt dann ein Gleichgewicht, bei dem die starken Pflanzen die schwachen überwuchern. Indem man gezielt jätet und passende Pflanzen hinzunimmt, kann man behutsam Einfluß nehmen. Durch Sträucher wird die Wiese aufgelockert oder umrahmt bzw. die Blütezeit verlängert. Geeignet sind u.a. Holunder, Weißdorn, Schneeball, Weiden, Hartriegel und Heckenkirsche.

Will man mit »gezähmten« Pflanzen einen amerikanischen Präriegarten nachempfinden, muß man anders vorgehen. Offene Prärielandschaften sind Wind und Wetter ausgesetzt. Die dort heimischen Pflanzen wurzeln deshalb tief im Erdreich und sind nicht kleinflächig gemischt. Man sollte sich auf einige wenige Arten beschränken, damit das Gartenbild nicht zu kompliziert wirkt. Drei Gräserarten pro neun Blumensorten schaffen ein Präriebild. Man sollte Samen kaufen, die für die Boden- und Klimabedingungen vor Ort geeignet sind. Am schönsten wirken Blumenschwaden in abgestuften Farben, verbunden durch einen einheitlichen Grashintergrund. Anfangs muß man darauf achten, daß die schnell wachsenden Gräser die sich etwas langsamer etablierenden Blumen nicht ersticken. Geeignete Gräser sind Rutenhirse *(Panicum virgatum)*, Bartgras *(Andropogon gerardii)* und Federborstengras *(Pennisetum alopecuroides)*, wenngleich letzteres keine Präriepflanze ist. Als Stauden passen *Lupinus subcarnosus*, Sonnenhut *(Rudbeckia fulgida deamii)*, rosa Felberich *(Lysimachia)* und rotes Kunigundenkraut *(Eupatorium purpureum)*.

Oben

Kalifornischer Mohn *(Eschscholzia californica)* in Kombination mit *Sidalcea malviflora*.

Links

Violettblaues Prärie-Eisenkraut zwischen zarten gelben Missouri-Nachtkerzen.

Rechts

Blaue *Lupinus subcarnosus* paßt gut zu rosa Nachtkerzen *(Oenothera speciosa)*.

S.123: Großes Bild

Eine Böschung mit typischem Wiesenbewuchs: Hahnenfuß und Löwenzahn.

Kleines Bild

***Iris douglasiana* und leuchtend orangefarbene *Eschscholzia californica* auf einer Wiese.**

Sumpfgärten In ständig feuchten Bereichen entfaltet sich üppiges Laub; Blumen spielen – abgesehen von Primeln, Weiderich, Trollblumen, Astilben, Sumpfdotterblumen und Schwertlilien – eine untergeordnete Rolle. Wer keinen von Natur aus feuchten Bereich im Garten hat, kann einen künstlichen Sumpf anlegen. Dazu gibt es viele Möglichkeiten; am besten fragen Sie einen Experten. Schatten ist wichtig, denn vor allem bei größeren Sumpfpflanzen ist die Verdunstungsrate in der Sonne zu hoch. Auch die Größe des Feuchtgebietes, ob man es entlang eines Baches oder um einen Teich anlegt, wirkt sich auf die Pflanzenwahl aus. *Gunnera manicata* macht sich gut in größeren »Sümpfen«, in einem kleinen Hausgarten aber wirkt sie leicht fehl am Platz. Es gibt kleinere, unkonventionelle Pflanzen wie *Rheum palmatum* 'Atrosanguineum' mit tief eingeschnittenen Blättern, die sich problemlos ins Bild fügen und zugleich Akzente setzen. Geeignet ist u.a. auch das Schildblatt (*Darmera peltata*, syn. *Peltiphyllum peltatum*) mit blaßrosa Blütendolden. Saurer Moorboden ist ideal für Königsfarn *(Osmunda regalis)* und Straußenfarn *(Matteuccia struthiopteris)*. Zur Ergänzung dieser kraftvollen Formen kann man Schwertlilien *(Iris pseudacorus)*, cremefarbenen Geißbart *(Aruncus dioicus)* und rosablühenden Wasserdost *(Eupatorium purpureum)* pflanzen. Einige großblättrige Funkien, so die bläuliche *Hosta sieboldiana* und die glänzendgrüne *H.* 'Royal Standard' mit weißen Blüten, passen ebenfalls ins Bild.

Großes Bild rechts

An einem feuchten Standort gedeihen dunkel- und hellrosa Etagenprimeln, gelbe Trollblumen und Kreuzkraut zwischen großblättrigen Funkien.

Unten

Ein üppiger Sumpfgarten, u.a. mit *Rheum palmatum*, Funkien, weißblühenden Astilben und hoher *Iris pseudacorus*.

Wer viel Platz hat, kann mit Weidenbüschen und Hartriegeln sowie den farnartigen Blättern von Mädesüßsorten wie *Filipendula rubra* 'Venusta' ein wildes Gestrüpp schaffen. Wenn man aufpaßt, daß sie nicht überhandnehmen, kann man auch wuchernde Pflanzen einbeziehen, z.B. die hübsche, cremefarben gestreifte *Glyceria maxima* 'Variegata', den Kleinen Rohrkolben *(Typha angustifolia)* und *Polygonum bistorta* 'Superba' sowie Sumpfdotterblume *(Caltha palustris)*, Blumenbinse *(Butomus umbellatus)*, Sumpfkalla *(Calla palustris)* und blaues Sumpfvergißmeinnicht *(Myosotis scorpioides)*.

Mit großen, auffälligen Pflanzen sollte man in kleinen Gärten grundsätzlich vorsichtig sein. Besser wirken hier dichtgesetzte größere und kleinere Funkien, Astilben, Trollblumen, Taglilien und Primeln wie *Primula japonica*, die große *P. florindae* und die kleinere, süßduftende gelbe *P. sikkimensis*. Auch die gefiederten weißen Blütenrispen der säureliebenden *Smilacina racemosa* und *Rodgersia* mit aufsehenerregenden Blättern und

Oben

Schwach saurer Boden und viel Feuchtigkeit bestimmen das Bild dieses Gartens an einem Teich. Man sieht u.a. *Rhododendron luteum*, hellrosa Wiesenknöterich, Funkien und Schlitzahorn.

Kleines Bild links

Das grün-weiß gestreifte Gras *Glyceria maxima* und die gelben Trollblumen *(Trollius)* brauchen viel Feuchtigkeit.

schaumigen Blütenrispen sowie rundblättrige Kreuzkräuter wie *Ligularia dentata* 'Desdemona' bieten sich an. Ligularien haben meist zinn- bis mahagonifarbene Blätter und darüber verzweigte Trauben mit kleinen orangefarbenen Blütenköpfen. *L.* 'The Rocket' hat demgegenüber zitronengelbe Blütenrispen, die sich auf schwarzen Stengeln fast 1,8 m hoch über die herzförmigen, gezähnten Blätter erheben. Große Farne, dicht an dicht gepflanzte *Iris sibirica*, einige hohe Silberkerzen und die aus Nordostamerika stammende *Lobelia cardinalis* mit scharlachroten Blüten komplettieren das Bild.

Küstengärten Wenn man einen Garten am Meer anlegen will, braucht man einen Windschutz, wobei dieser den Nachteil haben kann, daß er eine schöne Aussicht verdeckt. Wind vom Meer trägt Salz heran, und der Boden ist oft sandig und nährstoffarm. Häufig sind Küstenpflanzen zwergenhaft. Ein tiefes Wurzelsystem gibt der ersten Reihe salztoleranter Pflanzen Halt. Hinter ihnen festigen *Leymus arenarius* und Strandhafer *(Ammophila arenaria)* die Dünen und schützen sie vor der Gewalt der Wellen. Das grün-gelbe Goldbandleistengras (*Spartina pectinata* 'Aureomarginata') und das grün-weiße Rohrglanzgras *(Phalaris arundinacea picta)* gedeihen ebenfalls in Küstenregionen und sorgen für hübsche Akzente. Diese Gräser kann man, über den Garten verteilt, als Wiederholungselemente einsetzen. Ziergräser und Seggen machen sich auch gut zwischen Stauden. Blauschwingel bildet dichte bodendeckende Horste, und Federgras bringt höhere Blütenstrukturen ins Spiel.

Oben
Hier säumen aufsehenerregende fächerblättrige Hanfpalmen *(Trachycarpus fortunei)*, kombiniert mit Cordylinen und Palmlilien, einen sandigen Pfad. Sie gedeihen gut in der Wärme dieses Gartens an der vom Golfstrom verwöhnten Südwestküste Englands.
Kleines Bild rechts
In einem wasserdurchlässigen Kiesgarten harmonieren die rot gerandeten grasartigen Blätter von *Dyckia fosteriana* mit sukkulentem *Sedum acre* und *S. palmeri*.
Großes Bild rechts
Ein mit unregelmäßigen Natursteinplatten gepflasterter Weg führt durch einen Küstengarten zum Meer. Er ist gesäumt von dichten Beständen von violettem *Echium fastuosum*, silberner *Ballota acetabulosa* und duftender *Lavandula stoechas*.

Etwas weiter vom Strand entfernt ist der Boden besser, wenngleich immer noch sandig und sehr wasserdurchlässig. Selbst nach Regen trocknet der Wind ihn sehr schnell aus. Daher müssen die Pflanzen trockenheitsresistent sein. Eine Bodenverbesserung über Jahre hinweg ist möglich, wenn man den Boden mit Gräsern festigt und organischen Dünger einarbeitet. Offene Gartenflächen sollte man mit Arten bepflanzen, die auch in der Natur unter entsprechenden Bedingungen vorkommen. Sie sollten den Boden möglichst gut bedecken, damit er nicht abgetragen wird. Im Lauf der Jahre kann man dann abgestorbene Pflanzen durch Stauden nach Wahl ersetzen.

Trotz dieser Einschränkungen läßt sich mit Küstenpflanzen ein ungewöhnlicher Garten schaffen. Ein Vorteil des Küstenklimas besteht darin, daß es kaum extreme Temperaturschwankungen aufweist. Allerdings hängen die Temperaturen von der jeweiligen Lage der Küste ab: Mildes Mittelmeerklima bietet ganz andere Möglichkeiten als rauhes Nordseeinselwetter.

Hinter der Grasbarriere landeinwärts, wo die Bodenqualität besser ist, kann man eine ganze Reihe von Stauden in die Gartengestaltung einbeziehen, u.a. stachelige Stranddisteln *(Eryngium)*, Strandnelken *(Armeria maritima)* und blaue *Iris douglasiana*. Auch *Echium* und *Limonium platyphyllum* mit ihren hellblauen bzw. lila Blüten über dunklen, ledrigen Blättern bieten sich an. Lupinen, *Crocosmia*, *Anaphalis*, blaue oder cremefarbene Skabiosen, Kugeldisteln *(Echinops)*, *Echinacea*, Wandelröschen sowie *Osteospermum* und Gazanien runden das Bild ab.

Man kann die Stauden zu lockeren Blühgruppen kombinieren oder ein halbverstecktes Mikroklima schaffen, wobei zarte Pflanzen von windresistenten, robusten Pflanzen (möglichst immergrünen Sträuchern) geschützt werden. Als Barriere eignen sich u.a. blühende Escallonien, Griselinien, Klebsame, Rosmarin, Hortensien, Fuchsien, Fingersträucher, Lavendel oder auch *Lavatera*.

Gärten auf saurem Boden Saure Böden sind kalkfrei und weisen einen pH-Wert von 6,9–4,5 auf. Häufig handelt es sich um nasse Moorböden, aber es gibt auch saure Sand- oder Lehmböden. Die natürlich vorkommenden Pflanzen geben Hinweise. So zeigen z.B. Sauerampfer auf Wiesen und Heidekraut, Flatterbinse, Moos- oder Heidelbeere in Heide- und Waldlandschaften Säure an. Ein Garten mit saurem Boden eignet sich hervorragend für farbenprächtige Rhododendren und Azaleen, Lavendelheide und Kamelien. Heidekraut dient als Bodendecker. Einem kleinen Stadtgarten kann eine sorgfältige Auswahl an Heidesorten das ganze Jahr über Farbe geben.

Einige Bäume und Sträucher lieben sauren Boden, unterscheiden sich aber in ihren sonstigen Ansprüchen. Weißblühende *Stewartia pseudocamellia*, der Storaxbaum *(Styrax japonica)* mit seinen glockenförmigen Blüten, *Embothrium coccineum* mit leuchtend orangeroten Blütentrauben und die elfenbeinblütige *Drimys winteri* bevorzugen feuchten, lichten Wald. Birken, Kastanien und Robinien ziehen trockeneren Boden vor, bei vielen großen Koniferen muß man die physikalische Struktur des Bodens berücksichtigen. Leitpflanzen auf saurem Boden sind Rhododendren und Azaleen. Auf saurem, feuchtem, aber durchlässigem Boden mit genügend dicker Humusschicht sorgen sie für üppige Blütenpracht. Ihre Größe variiert von baumhoch bis zwergenhaft. Auch hier gilt: Je größer die Blätter, desto mehr Schatten ist nötig. Der 15 m hohe *Rhododendron sinogrande* und der gelbblühende, 13,5 m hohe *R. macabeanum* sind große Waldbäume. *R. cinnabarinum* mit bläulichem Laub und röhrenför-

Oben

Horstbildendes *Trillium sessile* mit rötlichbraunen Blüten, gelbes *Erythronium* 'Pagoda' und weiße *Anemone nemorosa*.

Oben

***Erica carnea* 'Pink Spangles', *E. c.* 'Springwood White' und *E. c.* 'Vivellii' benötigen sauren Boden.**

Großes Bild rechts

Die Pracht der Rhododendren und Azaleen an diesem Weg wäre ohne sauren Boden undenkbar.

Kleines Bild rechts

Über eine Wiese voller Blauglöckchen fällt der Blick auf bunte Azaleen im Hintergrund.

migen Hängeblüten wird mittelhoch, *R.-yakushimanum*-Hybriden bilden 1–1,5 m hohe Kuppeln. Zwergwüchsig ist *R. impeditum* in Rot, Rosa, Gelb, cremigem Blau und Weiß.

Als Azaleen bezeichnet man meist die kleineren, sommergrünen *Rhododendron*-Arten mit oft prächtiger Herbstfärbung wie *Rhododendron austrinum* 'Betty Anne Voss' mit rosa Blüten. Es gibt jedoch auch immergrüne Sorten in kühlen Rot- oder Rosatönen wie *R. hunnewellianum* 'Blue Danube' oder in wärmeren Farben wie *R.-h.*-Gibraltar-Gruppe. Passende Sträucher sind u.a. die weiße Blumenspiere *Exochorda* × *macrantha* 'The Bride', Kamelien, *Kalmia latifolia* und *Kolkwitzia amabilis*. Als Pflanzpartner eignen sich auch *Fothergilla major* mit duftenden weißen Blüten und die rosarote *Clethra alnifolia* 'Rosea'. In lichtem Wald mit feuchtem, saurem Boden wirken diese Sträucher gut mit Farnen, Blauglöckchen, Aronstab, Fingerhut und Lilien.

Gärten auf basischem Boden Basische Böden haben einen pH-Wert von 7,1 und mehr. Sie treten in der Regel auf Kalkstein auf. Die Bodenschicht ist dünn, trocken, eisen- und magnesiumarm, so daß Pflanzen, die diese Spurenelemente nicht aus dem Kalkboden aufnehmen können, bald an Chlorose leiden. Einige Clematisarten (z.B. *Clematis recta*), Sonnenröschen, Skabiosen, viele Iris-, Kreuzblütler- und Nelkenarten *(Dianthus)* sind von Natur aus an durchlässigen Kalkboden angepaßt. Es empfiehlt sich, mit dem vorhandenen Boden zu arbeiten und ihn zu verbessern. So kann man Mist oder Laubmulch untergraben, wodurch die Bodenstruktur verbessert, das Wasserhaltevermögen und die Nährstoffkonzentration erhöht sowie die Alkalität gesenkt werden. Jährliches Einarbeiten von Kompost, Eisenzugaben sowie etwas Dünger während der Blühsaison erweisen sich als nützlich.

Großes Bild links
Auf gut bearbeitetem Kalkboden gedeihen hier krautige Pflanzen, u.a. hohe weiße Fingerhüte *(Digitalis)*, dunkelblaue *Campanula persicifolia* und zarte rosa Nelken.
Kleines Bild links
Eine gelungene Kombination auf basischem Boden: Phlox, Feinstrahlastern und Akanthus.
Unten
Dieses Randbeet mit kalkhaltigem Boden ist ideal für die vorwiegend rosablühenden Pflanzen, u.a. *Penstemon*, *Achillea* und *Salvia*, sowie graublättrige Eselsdisteln *(Onopordum acanthium)*.

Abgesehen von absoluten Kalkflüchtern gedeihen unter diesen Bedingungen sehr viele Pflanzen. Kalktolerante Sträucher sind z.B. Berberitzen, Feuerdorn und Schmetterlingsflieder. Der Perückenstrauch *(Cotinus coggygria)* mit seinem dichten Laub eignet sich gut als Hintergrundpflanze. Sonnenliebende Säckelblumen *(Ceanothus)* und Zistrosen *(Cistus)* blühen besonders üppig auf leicht basischem, durchlässigem Boden. Im Spätsommer zieren die weißen, rosa oder blauen Blüten von *Hibiscus syriacus* den Garten.

Duftende Sträucher wie Flieder *(Syringa)* vertragen ebenfalls basischen Boden. Violetter *S. vulgaris* 'Charles Joly' oder kompakter *S. microphylla* 'Superba' läßt sich mit duftendem *Philadelphus* 'Beauclerk' oder *P.* 'Virginal' kombinieren. Lorbeer hat glänzende aromatische Blätter, und im Winter erfüllen die weißen Blüten von *Sarcococca hookeriana humilis* den Garten mit ihrem Duft.

Im »Rahmenwerk« dieser Sträucher können viele Stauden den Garten aufhellen, u.a. *Achillea filipendulina* 'Gold Plate' und die hellere *A.* 'Moonshine', deren Blütendolden mit den Kerzen von *Salvia nemorosa* 'Ostfriesland' und den Ähren von *Veronica spicata* kontrastieren.

Nelken brauchen viel Kalk, um dichtes Laub und Blütenpracht zu entwickeln; das gleiche gilt für die blaue *Scabiosa caucasica* 'Clive Greaves' und die weiße, cremegelbe oder rosa *S. c.* 'Miss Willmott'. Auch blaue Glockenblumen mögen basischen Boden: *Campanula persicifolia* ist zart strukturiert, *C. lactiflora* 'Prichard's Variety' wächst üppig, *C. l.* 'Loddon Anna' ist rosa angehaucht. Die rosa und weißen Blüten der Spornblume *(Centranthus ruber)* und zartes Schleierkraut passen ebenfalls gut ins Bild. Anders als die meisten feuchtigkeitliebenden *Iris*-Arten liebt *Iris germanica* durchlässigen Kalkboden. Führt man dem Boden Nährstoffe zu, wachsen auf Kalk auch Chrysanthemen, Storchschnabel, *Sidalcea*, Phlox, Sonnenhut, Königskerzen, *Perovskia*, Mohn, Fackellilien, Goldlack und Goldrute. Im Herbst stehen die Astern in voller Blüte; sie brauchen allerdings etwas mehr Wasser.

Oben
Trockener basischer Boden bietet ideale Bedingungen für *Stachys*, *Echium*, *Helichrysum* und *Allium* (hier mit trockenen Samenkugeln).

Auch Zwiebelpflanzen sollte man nicht vergessen. Asiatische Lilien wie die weiße *Lilium nepalense* sind ideal, und auf lockerem, durchlässigem Boden gibt Zierlauch Form und Struktur.

WACHSTUM, GRÖSSE, WUCHSFORM

Beim Gestalten mit Pflanzen muß man zeitbedingte Veränderungen von vornherein in die Planung einbeziehen. Häufig werden Pflanzen zu dicht gepflanzt – ein Fehler, der u.U. erst nach Jahren deutlich wird. Will man etwas Großes schaffen, muß man über das eigene Leben hinausdenken, während man in einem kleineren Rahmen mit einem Drei- oder

Fünfjahresplan auskommt. Man sollte die Lebenserwartung jeder Pflanze kennen, vor allem der Bäume und Sträucher, und sich bei der Gestaltung von der Natur helfen lassen. Pflanzen verhalten sich durchaus eigenständig, vom kletternden Geißblatt bis hin zu wuchernden Bodendeckern. Aufgabe des Gärtners ist es, ihre natürliche Schönheit und Eigenart bestmöglich zur Geltung zu bringen.

Links

In diesem Garten im japanischen Stil werden die natürlichen Wuchsformen der Bäume durch gezieltes Beschneiden betont.

Oben

Ausdauernde Pflanzen wie *Rosa* 'Elizabeth of Glamis', *Lavandula stoechas* und *Eryngium* mit selbstausgesäten *Alchemilla mollis* und *Allium*.

WACHSTUM – EINE EINFÜHRUNG

Alle Lebewesen haben genetisch vorbestimmte Wachstumsmuster. Bei Pflanzen hängt das Wachstum außerdem von den Umweltbedingungen ab. In einem idealen Garten haben sie genügend Platz zum Wachsen und zur Ausbildung ihrer Charakteristika, ohne von Nachbarpflanzen bedrängt oder überwuchert zu werden.

Manche Sträucher ähneln eher Bäumen; so können z.B. Magnolien über 6 m hoch werden, und die rote Echte Pavie (*Aesculus pavia* 'Atrosanguinea') erreicht über 5 m, wenngleich sie sich buschig an den Boden drückt wie ein Strauch. Andere Sträucher werden ebenso breit wie hoch. Mittelgroße Sträucher wie die frühlingsgelbe Scheinhasel *Corylopsis pauciflora*, der immergrüne Kirschlorbeer *Prunus laurocerasus* 'Otto Luyken' und Zaubernußsträucher *(Hamamelis)* wachsen stark in die Breite. Viele Hortensien *(Hydrangea)*, Strauchweiden *(Salix)* und Schneeballsträucher *(Viburnum)* zeigen ebenfalls eine ausladende Wuchsform. Staudenpflanzen können von sehr unterschiedlichem Wuchs sein: Es gibt schmale vertikale wie Fingerhüte *(Digitalis)* und Schwertlilien *(Iris)*, aber auch bodendeckende, horstbildende wie Funkien *(Hosta)*, Bergenien und Kaukasusvergißmeinnicht *(Brunnera)*, die mit ihrem üppigwuchernden Laub keine Konkurrenz dulden. Einige krautige Stauden, z.B. Pfingstrosen, bilden Horste, deren Durchmesser mit der Zeit immer größer werden, andere, wie die Erdbeeren *(Fragaria)*, breiten sich durch Ausläufer (Kriechsprosse, die bei Bodenberührung Wurzeln treiben) aus.

Wurzeln verankern die Pflanzen im Boden und versorgen sie mit Wasser und Mineralstoffen. Dabei wachsen sie tief in den Boden oder breiten sich flach aus. Über dem Boden wachsen die Pflanzen zum Licht hin. Auch horizontale Triebe können daher die Oberfläche vergrößern, mit der die Pflanzen Licht aufnehmen. Das Wachstum einer Pflanze wird von den Lichtverhältnissen, der Wasserversorgung, den vorhandenen Mineralstoffen und dem verfügbaren Kohlendioxid bestimmt – Faktoren, die wir beeinflussen

Links oben

Die phantastische sommerliche Farbenpracht von Sonnenaugen, Sonnenhut, Sonnenbraut, Schafgarben und Montbretien wird bald den charakteristischen Pergamentfarben der Spätherbststauden weichen.

Links

Gehölze bewirken im Jahreslauf Kontinuität im Garten. Der Trompetenbaum (*Catalpa bignonioides* 'Aurea') bildet allerdings erst spät Blätter und verliert sie früh wieder.

können, um ein optimales, gesundes Wachstum zu ermöglichen. Bodenverbesserung durch Bodenbearbeitung und Düngung hat im Gartenbau eine lange Tradition. Manche Pflanzen wachsen schneller und kräftiger als andere, doch sollte man in einem Garten nicht nur die im Konkurrenzkampf überlegenen bestehenlassen. Als Gartengestalter können wir stark wuchernde, übermächtige Pflanzen im Zaum halten. Läßt man sie unkontrolliert wachsen, sind Stauden wie *Geranium macrorrhizum* oder Gräser wie *Phalaris arundinacea picta* gute Bodendecker, die aber mit ihren unterirdischen Sprossen alles ersticken, was ihnen im Weg steht. Manche Stauden kann man durch gleichermaßen durchsetzungsstarke Nachbarpflanzen in ihrer Ausbreitung begrenzen. So beschränken sich z.B. *Alchemilla mollis* und *Euphorbia amygdaloides robbiae* gegenseitig.

Unser Wissen hinsichtlich Größe und Wuchsform von Pflanzen beziehen wir aus Büchern, die Fachleute geschrieben haben. Doch die Natur läßt sich nicht in ein Schema pressen. So können auch die in diesem Buch angegebenen Pflanzengrößen nicht als absolute Werte gelten. Von Garten zu Garten können die Wachstumsentwicklungen ganz unterschiedlich sein.

Wenn Pflanzen einen guten Standort und geeignete ökologische Bedingungen haben, können sie eindrucksvolle Proportionen annehmen. Ein gutes Beispiel ist *Phormium tenax*, eine Pflanze, die in ihrer neuseeländischen Heimat 3 m, bei uns aber nur etwa 1–2 m hoch wird. Wir kennen auch Zwergpflanzen, die in der Natur aufgrund starker Winde oder aufgrund von Nährstoffmangel kleinwüchsig bleiben. Die japanische Bonsai-Kunst schafft bewußt solche Miniaturformen. Man kann den Wuchs durch Nährstoffarmut bremsen oder aber ihn durch Düngen und Hormongaben beschleunigen und verstärken. Kapuzinerkresse dagegen bringt auf kargem Boden prächtige Blüten hervor, auf nährstoffreichem Humus aber nicht. Die Bedürfnisse der Pflanzen als gärtnerisches »Werkzeug« kreativ zu nutzen lohnt sich in jedem Fall.

Rechts oben

Das auffällige gelb-grüne Laub von *Astrantia major* 'Sunningdale Variegated' wirkt äußerst dekorativ; goldene *Ribes*- und gelbe *Spiraea*-Blätter bringen noch mehr Farbe ins Bild.

Rechts

Mit ihren unterschiedlichen Schattierungen von Grün, Blau und Silber wirken Koniferen das ganze Jahr über. Sie weisen eine große Vielfalt an Formen auf, u.a. horizontale Tafelformen, Bodendecker, Hänge-, Säulen-, Kugel- oder Kegelformen, ebenso die unterschiedlichsten Texturen.

PRIMÄR- UND SEKUNDÄRPFLANZEN

Will man ein dauerhaftes Bild schaffen, das die Sinne anspricht, muß man pragmatische Entscheidungen treffen. Respektiert man die sich wandelnden Eigenschaften wachsender Pflanzen und gesteht ihnen genug Platz zum Wachsen zu, kann man erfolgreiche Pflanzengesellschaften etablieren. Manche Pflanzen wachsen schnell, andere brauchen sehr lange. Hier bietet sich Gelegenheit für vorübergehende Anpflanzungen. Beim Pflanzen sollte man in »Schichten« denken, sowohl hinsichtlich der Höhe als auch der Breite. Primärpflanzen wie Bäume vermitteln einen Eindruck von Reife, vor allem wenn man etwas größere Exemplare kauft. So kann man in einem kleinen Garten mit einem kleinen blühenden Zierbaum ein Gefühl von Dauerhaftigkeit schaffen, für ein größeres Gelände würde man Eichen, Buchen und Eschen wählen. Da im Gesamtbild auch die Proportionen eine Rolle spielen, muß man die endgültige Höhe und Breite der Bäume abschätzen.

Je nachdem, wie man die Bäume plaziert, entstehen schattige Plätzchen und Lichtungen. Dies wiederum wirkt sich auf die Wahl der übrigen Gartenpflanzen aus. Birken, Eukalyptus, Blasenbaum *(Koelreuteria paniculata)*, Kupfer-Felsenbirne *(Amelanchier lamarckii)* und Götterbaum *(Ailanthus altissima)* z.B. sind schnellwüchsige Bäume. Etwas Anlaufzeit und genügend Platz brauchen die Japanischen Zierahorne *(Acer)*, *Ginkgo* und Taubenbaum *(Davidia involucrata)*. Wenn man nicht warten will, bis die Bäume ihre volle Größe erreicht haben, kann man mit schnellwüchsigen Sträuchern als Zwischenpflanzung für Masse und Schatten sorgen. Man muß beim Setzen der Sträucher allerdings darauf achten, daß sie mit dem Baum nicht um Licht, Luft und Wasser konkurrieren.

Sträucher bilden die zweite Gruppe von Primärpflanzen. Auch hier muß man überlegen, wie groß ein Strauch letztlich wird, damit man ihm beim Pflanzen entsprechend viel Raum gibt. Große Sträucher sind u.a. die herrlich duftenden Flieder und Pfeifensträucher, Schmetterlingsflieder, Malven- und Mispelsträucher sowie Feuerdorn. Der große *Viburnum rhytidophyllum*,

Oben
Bäume und Sträucher dienen als Hintergrund für Wolfsmilch und viele andere sommerblühende krautige Pflanzen.

S.137: Oben links
Eine Hecke bildet den Hintergrund u.a. für *Rosa* 'Pink Bells' und *R.* 'Tuscany Superb', *Alchemilla mollis* und Stranddisteln.

Oben rechts
Blaßvioletter Rittersporn bringt Höhe ins sommerliche Blumenbeet. Die Form wiederholt sich in den Fackellilien weiter rechts.

Unten
Betrachtet man diesen grünen Garten von der hölzernen Bank aus, ändert sich das Bild im Jahreslauf schnell. Am Ende des Sommers ist *Macleaya cordata* sehr hoch, und auch *Hydrangea paniculata* fällt ins Auge.

Chimonanthus praecox (Winterblüte), der Gagelstrauch *Myrica pensylvanica* und der Weiße Maulbeerbaum *(Morus alba)* haben ihren je eigenen Charakter. Sie bilden das Rückgrat des Gartens, variieren dabei aber hinsichtlich Wachstumsgeschwindigkeit und Lebensdauer. Schmetterlingsflieder *(Buddleja)*, Ranunkelstrauch *(Kerria)*, Feuerdorn, Kornelkirsche *(Cornus mas)* und viele Strauchrosen sind schnellwüchsig, Magnolien, Lavendelheide, *Mahonia aquifolium* und Japanische Zierahorne dagegen wachsen langsam. Als Gärtner sollte man nicht ungeduldig werden, sondern die Möglichkeit nutzen und den Platz zwischen den langsamwachsenden Pflanzen mit Einjährigen, Stauden und Zwiebelpflanzen füllen, deren Zahl man mit zunehmendem Wachstum der Sträucher allmählich verringert. Kleinere Sträucher wie Lavendel, Deutzien, Seidelbast, Fingersträucher, Zistrosen und Rosen sind sozusagen Dekoration und haben anders als die Primärpflanzen keinen Anteil an der Raumaufteilung. Sekundärpflanzen schaffen Muster, Struktur und Farbeffekte und bedecken den Boden schnell – innerhalb von drei Jahren – mit Laubwerk und Blüten. Die meisten Sekundärpflanzen sind krautige Stauden, daneben spielen aber auch Ein- und Zweijährige, zarte Mehrjährige sowie Zwiebel- und Knollenpflanzen eine Rolle. Einige von ihnen breiten sich rasch aus, ebenso rhizomatische Gräser; man sollte darauf achten, daß sie ihre schwächeren Nachbarn nicht verdrängen. Größere Wurzelstöcke teilt man nach zwei oder drei Jahren, am besten im Herbst. Viele niedrige Bodendecker wie Schaumblüten, Storchschnabel, Maiglöckchen, Waldmeister, *Liriope* und *Ajania pacifica* sorgen für einen raschen Bewuchs.

An schattigen Standorten auf gutem, nicht austrocknendem Boden wachsen Hybrid-Anemonen, Sterndolden, Taglilien, Akanthus, Ligularien und Astilben sehr schnell. An trockeneren, heißeren Standorten bedecken Wermut und Wolfsmilch den Boden. Zu letzteren zählen die Staude *Euphorbia characias* und die kriechende *E. griffithii* 'Fireglow'. Die wärmeliebende Fetthenne *Sedum* 'Herbstfreude' bildet ebenfalls schnell dicke Horste, und Sonnenhüte *(Rudbeckia)* breiten sich in Böden, die die Feuchtigkeit halten, mit Rhizomen aus. Unter ähnlichen Bedingungen füllt auch Kunigundenkraut *(Eupatorium purpureum)* schnell Lücken. Wünscht man Schwertblätter, lassen sich mit *Iris pseudacorus* und Montbretien rasche Erfolge erzielen. Krautige Phloxstauden, u.a. der reinweiße *Phlox paniculata* 'Fujiyama' und der lavendelfarbene *P.p.* 'Caroline van den Berg', sind in jedem Garten ein schöner Anblick; sie werden fast 1 m hoch.

Oben

In diesem pastellfarbenen Beet blühen zwischen unterschiedlichen Rosen u.a. *Thalictrum*, *Verbascum* und Spornblumen. Im Hochsommer ist kein Fleckchen freier Boden mehr zu sehen.

Links

Für sommerliche Pracht sorgen *Atriplex hortensis rubra* und Salvien zwischen *Inula*, *Monarda*, Sonnenbraut und Ligularien.

Unten

Ziertabak und blaue Petunien dienen im Hochsommer als »Lückenfüller«.

Auch Pflanzen, die sich mit Samen verbreiten, können bereits innerhalb von zwei Jahren beträchtlich wachsen. Spornblumen, Binsenlilien, Frauenmantel, Akelei und Malven sind gute Beispiele. In den ersten Jahren muß man im Staudenbeet immer wieder Unkraut jäten, doch mit der Zeit unterdrücken die Stauden das Wachstum der Unkräuter. Man muß dann nur noch aufpassen, daß sie sich nicht gegenseitig verdrängen.

Einjährige und zarte mehrjährige Pflanzen, Zweijährige und jahreszeitlich begrenzt blühende Zwiebelpflanzen eignen sich ebenfalls als Lückenfüller auf Zeit. Osterglocken, Vergißmeinnicht, Tulpen, Silberblatt und Beinwell schmücken im Frühling kahle Stellen. Im Sommer sorgen Schmuckkörbchen, Stockrosen, Schmucklilien, Ziertabak, Spinnenpflanzen, Zierlauch und Amarant für dichten Bewuchs. Kleinere Füllpflanzen wie Petunien, Stiefmütterchen, Mohn und Löwenmäulchen *(Antirrhinum)* gedeihen üppig, bis der erste Frost kommt.

Projekt: Ein Dreijahres-Blühplan Dieser ländliche Blumengarten befindet sich auf einem zwei Hektar großen Grundstück. Die Pflanzen haben also genug Platz, um ihre natürlichen Wuchsformen zu entwickeln. Im ersten Sommer kann man die Lücken mit einjährigen, zweijährigen und zarten mehrjährigen Pflanzen unterschiedlicher Farben, Formen und Strukturen füllen, so daß der Garten auch dann schon vollständig wirkt.

Die Grundlage bilden Sträucher wie die immergrüne *Photinia × fraseri*, der duftende *Philadelphus* 'Belle Etoile' und der graublättrige *Lavandula angustifolia* 'Hidcote'. Sie bleiben im ersten Jahr klein. *Robinia pseudoacacia* 'Frisia' (im Hintergrund) braucht einige Jahre, um sich zu etablieren, doch ihr goldenes Laub ist von Anfang an augenfällig. Es verändert sich von Buttergelb im Frühling über Limonengelb bis zu Rostgold im Herbst.

Die übrigen auf Dauer eingeplanten Pflanzen sind Stauden: Fackellilien, Beinwell, Lavendel, Rittersporn und Wiesenraute sorgen mit der Zeit immer stärker für vertikale Blütenstrukturen. Bis es soweit ist, übernehmen diese Funktion u.a. Stockrosen, die in einer Saison über 1,5 m hoch werden können. Man sollte sie im Spätwinter in Töpfen aussäen und nach der frostgefährdeten Zeit im Frühsommer auspflanzen.

Auf einer tieferen Ebene wiederholen sich die vertikalen Strukturen in der schnellwüchsigen *Salvia farinacea* 'Victoria', die den ganzen Sommer über blüht. Die haarigen Stengel der aufrechten Spinnenpflanze *(Cleome hassleriana)* werden von einer charakteristischen Blütenkugel gekrönt, aus der lange Staubgefäße ragen.

Während sich *Nepeta*, *Santolina*, *Achillea* und *Anthemis* entwickeln, ergänzen Pflanzen wie die weißblühende *Cosmos atrosanguineus* die Muster und Formen des Beets. Das Farbschema basiert auf Primel- und Zitronengelb mit hellen Blautönen und Weiß. Die leuchtendgrünen *Cosmos*-Blätter verschmelzen mit dem fiederigen Laub des cremefarbenen *Argyranthemum* 'Jamaica Primrose', dessen Köpfchenblüten flache Dolden bilden. Auch *Osteospermum* 'Buttermilk' fügt sich gut ins Bild.

Erster Sommer (oben rechts) Veilchen sorgen schon für Blütenpracht, während die anderen Pflanzen sich noch entwickeln. Die duftenden Blüten der großblütigen *Viola-cornuta*-Alba-Gruppe und Stiefmütterchen *V. × wittrockiana* 'Azure Blue' bedecken den Boden. Wenn man die welken Blüten entfernt, blühen die Veilchen bis weit in den Sommer immer wieder. Das helle Blau der Stiefmütterchen wird in Streifen von *Geranium wallichianum* 'Buxton's Variety' aufgegriffen, das sich zwischen den anderen Pflanzen hindurchzieht. Ebenfalls hellblau, aber weniger augenfällig blüht der Lein *(Linum perenne)*.

Erster Sommer

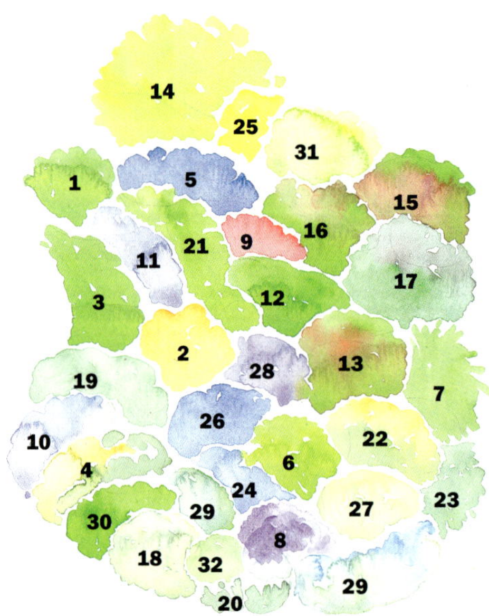

ERKLÄRUNG

(H = Höhe; D = Durchmesser)

1 *Aconitum carmichaelii* 'Arendsii', ***H: 1,5 m; D: 30 cm***

2 *Achillea* 'Coronation Gold', ***H: 90 cm; D: 60 cm***

3 *Achillea ageratifolia* 'W.B. Childs', ***H und D: 60 cm***

4 *Anthemis tinctoria* 'E.C. Buxton', ***H und D: 90 cm***

5 *Delphinium* 'David's Magnificent', ***H: 2,2 m***

6 *Tanacetum parthenium* 'Flore Pleno', ***H: 30 cm; D: 60 cm***

7 *Kniphofia* 'Primrose Beauty', ***H: 90 cm; D: 45 cm***

Zweiter Frühling

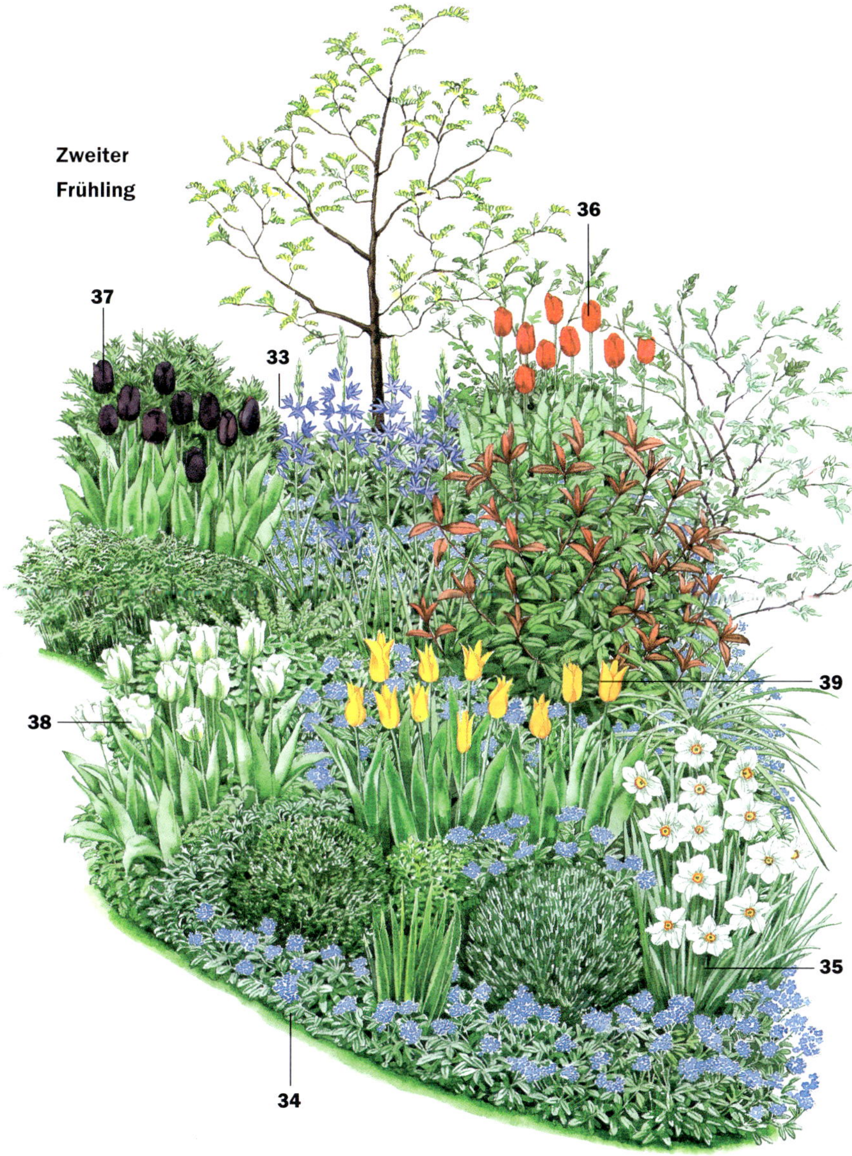

Zweiter Frühling (links) Blumenzwiebeln, die im Herbst des Vorjahres gesetzt wurden, sorgen für Blütenpracht, ehe die Sommerpflanzen zum Zuge kommen. Die hohen, statuarischen Tulpen ragen mit ihren Blüten aus dem noch niedrigen Laub der Stauden und setzen so vertikale Akzente im Beet. Die frischen jungen Blätter der *Photinia* wirken um diese Jahreszeit besonders hübsch und werden von roter *Tulipa* 'Couleur Cardinal' betont. Davor blühen mittelfrühe Tulpen in einem Meer von Vergißmeinnicht *(Myosotis alpestris),* in dem farblich die Blütenähren einer anderen Zwiebelpflanze, der blauen Präriekerze *(Camassia cusickii),* im Hintergrund aufgegriffen werden. Ihre Blütezeit reicht weit über die der Tulpen hinaus.

Dritter Sommer (oben) Im dritten Sommer haben sich die Rahmensträucher fest etabliert. Zusammen mit den üblichen füllenden Stauden und Einjährigen sorgen einige andere Pflanzen für Abwechslung, u.a. *Iris pallida*, grünlich weiß blühender Ziertabak *(Nicotiana langsdorffii),* die Kugeldistel *Echinops ritro* 'Veitch's Blue' mit violettblauen Blütenkugeln, ein einjähriger rosa Schlafmohn *(Papaver somniferum)* und rechts ein eleganter rosa Bartfaden (*Penstemon* 'Pennington Gem').

8 *Lavandula angustifolia* 'Hidcote', ***H und D: 75 cm***
9 *Lychnis chalcedonica,* ***H: 90–120 cm; D: 45 cm***
10 *Nepeta* 'Six Hills Giant', ***H und D: 60 cm***
11 *Nepeta sibirica* 'Souvenir d'André Chaudron', ***H und D: 45 cm***
12 *Philadelphus* 'Belle Etoile', ***H: 1,8 m; D: 1,5 m***
13 *Photinia × fraseri* 'Red Robin', ***H: 6 m; D: 4 m***
14 *Robinia pseudoacacia* 'Frisia', ***H: 15 m; D: 7 m***
15 *Rosa* 'Danse du Feu', ***H und D: 2,5 m***
16 *Rosa* 'Schoolgirl', ***H: 2,7 m; D: 2,2 m***
17 *Rosa glauca,* ***H: 1,8 m; D: 1,5 m***
18 *Santolina pinnata neapolitana,* **H: 75 cm; *D: 90 cm***
19 *Sedum spectabile* 'Brilliant', ***H und D: 30–45 cm***
20 *Sisyrinchium striatum,* ***H: 45–60 cm; D: 30 cm***
21 *Cosmos atrosanguineus,* ***H: 60 cm; D: 45 cm***
22 *Argyranthemum* 'Jamaica Primrose', ***H und D: 90 cm***
23 *Cleome hassleriana,* ***H: 1,2 m; D: 45 cm***
24 *Geranium wallichianum* 'Buxton's Variety', ***H: 30–45 cm; D: 90 cm***
25 *Alcea rosea,* ***H: 1,5–1,8 m; D: 60 cm***
26 *Linum narbonense,* ***H: 30–60 cm; D: 30 cm***
27 *Osteospermum* 'Buttermilk', ***H: 60 cm; D: 30 cm***
28 *Salvia farinacea* 'Victoria', ***H: 90 cm; D: 30 cm***
29 *Viola × wittrockiana* 'Azure Blue', ***H: 15–20 cm; D: 20 cm***
30 *Viola-cornuta*-Alba-Gruppe, ***H: 12–20 cm; D: 20 cm***
31 *Thalictrum flavum glaucum,* ***H: 1,2–1,5 m; D: 60 cm***
32 *Calamintha nepeta nepeta,* ***H: 45–60 cm; D: 60–90 cm***
33 *Camassia cusickii,* ***H: 20–80 cm; D: 20–30 cm***
34 *Myosotis alpestris,* ***H und D: 20 cm***
35 *Narcissus poeticus recurvus,* ***H: 42 cm***
36 *Tulipa* 'Couleur Cardinal', ***H: 60 cm***
37 *Tulipa* 'Queen of Night', ***H: 60 cm***
38 *Tulipa* 'Spring Green', ***H: 35–38 cm***
39 *Tulipa* 'West Point', ***H: 50 cm***

JAHRESZEITLICHE FOLGEPFLANZUNG

Wenn man den Garten so gestaltet, daß sich die Blütezeiten einzelner Sorten überschneiden, bietet er immer ein lebendiges Bild – ein Schauspiel mit wechselnden Hauptdarstellern.

Daß die Tageslänge sich mit den Jahreszeiten verändert, wirkt sich auf die Entwicklung der Pflanzen aus. So wachsen Pflanzen in den Tropen sehr gleichmäßig und sorgen in anderen Gegenden Immergrüne für einen ganzjährigen Hintergrund. Andere Pflanzen haben »Schlafphasen«, erwachen aber nicht alle zur gleichen Zeit.

Mit dem Frühling beginnt das Vegetationsjahr. Frühe *Eranthis*-, *Galanthus*- und *Narcissus*-Zwiebelpflanzen sind erste Vorboten, krautige Christrosen, Kaukasusvergißmeinnicht und Bergenien leisten frühblühenden Forsythien, Seidelbast, Zaubernuß, Kamelien und Japanischen Quitten *(Chaenomeles japonica)* Gesellschaft. *Magnolia grandiflora* 'Edith Bogue' blüht über die erste Frühlingspracht hinaus. Der Frühling erreicht seinen Höhepunkt, wenn blühende Kirsch- und Apfelbäume sowie Ebereschen mit Tränendem Herzen, Goldlack, Küchenschellen,

Primeln und Gemswurz unterpflanzt sind. Narzissen und Tulpen, Elfenblumen und *Euphorbia robbiae* leiten dann zum Frühsommer über.

In Ländern wie den USA kann der Sommer ganz unterschiedlich sein. Manche Gegenden haben lange Sommer, in anderen kommt das Wachstum nach einer Hitzeperiode zum Stillstand, bis vor dem Herbst ein zweiter Sommer einsetzt. In den meisten Gebieten aber blühen im Sommer eine ganze Reihe von Pflanzen in Folge – vom Frühsommer über den Hochsommer bis zum Spatsommer. Zuerst bestimmen bluhende Sträucher das Bild. Auf sauren Böden sind Rhododendren ein Blickfang, andernorts blühen Schmetterlingsflieder, Goldregen, Pfingstrosen, Flieder und Weigelien, gefolgt von *Choisya*, *Cistus*, *Deutzia* und *Philadelphus*. Krautige Pflanzen gedeihen am besten, wenn Wetter und Boden wärmer werden. Vergißmeinnicht und Akeleien weichen Frauenmantel, Schleierkraut, Rittersporn, Lupinen, Nelken und Mohn. Verlängern läßt sich die Blütezeit mit Storchschnäbeln, Glokkenblumen, Zierlauch, Iris und Margeriten (*Leucanthemum* × *superbum*).

S.142: Oben

Frühlingspracht mit gelben Osterglocken, weißen Narzissen, roten Tulpen und Vergißmeinnicht.

S.142: Unten

Im Sommer ragt die Steppenkerze *(Eremurus)* hoch auf; die Blüten von *Iris* 'Flying Squadron' und *I. pallida* 'Variegata' sind bald verblüht, aber ihre Blätter zieren den Garten noch länger.

Unten

Das Randbeet auf seinem Höhepunkt: Hellblaue Rittersporn-Blütenstände überragen dunkelvioletten Salbei. Davor blühen u.a. Rosen wie *Rosa* 'La Ville de Bruxelles', Nelken (*Dianthus* 'Laced Monarch'), Bartnelken, Stranddisteln und das elegante Gras *Stipa barbata*.

Oben

Vitis coignetiae als orangebronzener Hintergrund für _Dendranthema_ 'Cottage Apricot'.

Rechts

Salvia viridis paßt gut zu silbernem _Eryngium_, rosa und roten Dahlien sowie roten Geranien.

Unten

Plüschrot: die späte _Dahlia_ 'Bishop of Llandaff'.

Die Blütezeit des Blauregens *(Wisteria)* im Frühsommer überschneidet sich mit der von *Clematis montana*. Wie bei Zwiebelpflanzen gibt es auch bei Clematis eine Sorte für jede Blütezeit, von der winterblühenden *C. cirrhosa balearica* über *C. alpina* für den Frühling und sommerblühende Zuchtformen wie die weiße *C.* 'Marie Boissellot' oder *C.* 'Jackmanii Superba' bis zu den spätsommerlichen Vertretern der Viticella-Gruppe. Auch Kletterrosen blühen oft noch sehr spät, einige Varianten zweimal im Jahr.

In der Mitte des Sommers bestimmen Rosen das Bild. Zusammen mit Katzenminze, Frauenmantel, Iris oder Lavendel kommen sie wunderschön zur Geltung. Die großblütigen Hybriden bringen, sofern es sich um sog. remontierende Sorten handelt, über Wochen und Monate immer wieder Blüten hervor. Wildrosenarten wie die graublättrige *R. glauca* und *R.* x *odorata* 'Mutabilis' mit ihren sanften Farbvariationen wirken reizvoll. Mit Hilfe moderner Zuchttechniken verbindet man heute langdauernde Blütenpracht mit dem natürlichen Wuchs sowie der Blütenform, dem Duft, der Laubvariation und den Hagebutten alter Rosenvarietäten. Die aprikosengelbe *R.* 'Graham Thomas' und die muschelrosa *R.* 'Heritage' sind dafür gute Beispiele. In kleinen Gärten sorgen Zwerg- oder Bodendeckerrosen monatelang für Blütenpracht.

Wenn im Hoch- bis Spätsommer weniger Sträucher blühen, sind Fuchsien, Hibiskus und Hortensien besonders willkommen. Zusammen mit Stauden und einjährigen Pflanzen wie Phlox, Rittersporn, Inkalilien, Färberkamille, Lilien, Schmuckkörbchen, Sonnenblumen, Montbretien, Ziertabak, Jungfer im Grünen, Präriemalven, Salbei, Goldrute und Königskerzen bringen sie Form, Struktur und Farbe in den Garten.

Wenn vieles verblüht ist, füllen Zweijährige wie *Euphorbia lathyris*, *Verbascum olympicum* und *Salvia sclarea turkestanica* die Lücken. Noch später blühen Schmucklilien, Eisenhut, Sonnenröschen, Sonnenhut, Bartfaden, Silberkerzen und der sehr späte Spaltgriffel. Astern und Dahlien sorgen für eine fulminante »Herbstvorstellung«, ebenso *Phygelius aequalis* und *Verbena bonariensis*. Letztere muß man über Winter ins Haus holen oder zumindest dick mit Mulch bedecken.

Im Herbst bereiten Azaleen, Spindelstrauch, Federbuschstrauch, Parrotie, Wein und Ahorn einen bunten Abschluß. Die roten Hagebutten der Rosen, die leuchtenden Beeren des Feuerdorns und der Mispeln und die violetten Früchte der Schönfrucht *(Callicarpa bodinieri)* sorgen zusätzlich für Farbe. Zwiebel- und Knollenpflanzen wie Alpenveilchen, Enzian, Herbstzeitlose und Guernsey-Lilien lassen das Jahr in zarteren Farben ausklingen.

Großes Bild rechts

Wie dieser naturnahe Garten zeigt, müssen nicht immer Osterglocken das Frühlingsbild prägen. Hier blühen dichte Bestände von Christrosen in zartem Weiß, Grün und Rosa.

Kleines Bild rechts

Rosa Christrosen und weiße Schneeglöckchen kündigen den Frühling an.

Projekt: Ein Drei-Jahreszeiten-Garten Dieses Pflanzschema in einem schattigen Graben ist Teil eines in England recht bekannten Gartens. Er wurde von Margery Fish entworfen und wird von den derzeitigen Besitzern sorgfältig gepflegt. Der Garten besteht seit fünfzig Jahren, wobei dieses Stück von Anfang an als informeller Bereich angelegt war – mit natürlich wirkenden Wildblumendriften und Zwiebelpflanzen sowie einigen passenden Zierpflanzen. Zwar ist der Graben heute ausgetrocknet (wahrscheinlich, weil unlängst in der Nähe ein Brunnen gegraben wurde), doch der Boden ist nach wie vor feucht, und manchmal bilden sich am Grabengrund noch kleine Rinnsale.

Der Grund des angeböschten Grabens besteht aus Lehm, der Boden ist neutral bis basisch. Der natürliche Laubmulch, den drei Weidenbäume liefern, säuert den Boden leicht an. Der obere Bereich der Böschung ist sonniger und wesentlich trockener als der feuchte, fast dumpfige Graben. Daher wachsen oben vor allem Blumen, die es gern trockener haben, z.B. Osterglocken. Die Kopfweiden, die den Graben überragen, beeinflussen den

Vorfrühling (links und unten links) Noch lassen die Hauptpflanzen des Sommers und Herbstes auf sich warten, doch Storchschnäbel, Iris und Hasenglöckchen bringen schon frisches Grün in den Graben. Für Blüten sorgen vor allem die dichten Bestände von Schneeglöckchen *(Galanthus nivalis)*. Die kleinen Zwiebelpflanzen mit schmalen, grasartigen Blättern und weißen Blütenglocken erscheinen bereits im Spätwinter; sie gedeihen prachtvoll im feuchten Schatten unter den Weiden. Andere Frühblüher, die nun schon ihre Blüten öffnen, sind die weißen und rosa Christrosen *(Helleborus)* und das violett oder weiß blühende Lungenkraut *(Pulmonaria)*.

Spätfrühling (rechts) Jetzt ist die Hauptblütezeit der Hasenglöckchen *(Hyacinthoides non-scripta)*. Sie haben die Schneeglöckchen abgelöst. Einige Storchschnäbel blühen ebenfalls: Am Böschungshang erscheint z.B. dunkelburgunderrot *Geranium phaeum*, weiter oben leuchten die größeren, helleren Blüten von *G. malvaeflorum*. Die weiße Marmorierung auf der Oberseite der Aronstabblätter findet ein Echo in den grünspitzigen weißen Blüten der Märzenbecher *(Leucojum aestivum)*, einer frühblühenden Zwiebelpflanze. Auch das Salomonssiegel (*Polygonatum biflorum*, syn. *P. giganteum*) blüht weiß, während *Narcissus poeticus recurvus* und *N.* 'Thalia' schon fast verblüht sind. Das Farbschema wird durch gelbe Schwertlilien *(Iris pseudacorus)* und die hübschen limonengrünen Blüten von *Euphorbia amygdaloides robbiae* belebt, die mit dem rötlichbraunen Laub der Elfenblumen *(Epimedium)* harmonieren.

Spätfrühling

Wachstumserfolg der Pflanzen zu ihren Füßen. Im Frühling, ehe das Laub der Bäume voll entwickelt ist, haben die Pflanzen am Boden genügend Licht; wenn sich das Kronendach langsam schließt, nimmt die Lichtmenge am Boden ab. Dies bedeutet, daß im Lauf des Jahres ganz unterschiedliche Pflanzen im Graben gedeihen, je nach Jahreszeit und verfügbarer Lichtmenge. Indem man sich diese Tatsache zunutze macht, erhält man ein sich ständig weiterentwickelndes Schema von Frühlingsanfang bis Spätwinter. Die jahreszeitlichen Effekte überschneiden sich, so daß immer etwas blüht.

Die Böschung ist teilweise sehr steil. Der Boden wurde mit Steinen befestigt, wodurch natürliche »Pflanztaschen« entstanden sind. Viele immergrüne Pflanzen, u.a. Farne (*Asplenium* und *Polystichum*), kriechender Efeu (*Hedera helix*) und Elfenblumen (*Epidemium*), sorgen ganzjährig für eine grüne Laubgrundlage, aus der sich nach und nach die saisonalen Blumen erheben. Die immergrüne Schwertlilie *Iris foetidissima* liebt feuchten Waldboden. Sie hat verwaschene violette, gelegentlich auch gelbe oder gelb getönte Blüten. Besonders dekorativ wirkt sie im Winter, wenn die Samenkapseln

ERKLÄRUNG

(H = Höhe; D = Durchmesser)

Blattpflanzen

1 *Asplenium scolopendrinum*, ***H: 45–75 cm; D: 45 cm***

2 *Hedera helix*, ***H: 10 m; D: 5 m***

3 *Polystichum aculeatum*, ***H: 60 cm; D: 75 cm***

Im Spätfrühling blühende Pflanzen

4 *Hyacinthoides non-scripta*, ***H: 20–40 cm; D: 8–10 cm***

5 *Narcissus* 'Thalia', ***H: 38 cm***

6 *Narcissus poeticus recurvus*, ***H: 42 cm***

7 *Helleborus orientalis*, ***H und D: 45 cm***

8 *Epimedium × rubrum*, ***H: 30 cm; D: 20 cm***

9 *Polygonatum biflorum*, ***H: 1,5 m; D: 60 cm***

10 *Arum italicum* 'Pictum', ***H: 15–25 cm; D: 20–30 cm***

11 *Iris pseudacorus*, ***H: 1,8 m; D: unbestimmt***

12 *Iris foetidissima*, ***H: 30–90 cm; D: unbestimmt***

13 *Leucojum aestivum*, ***H: 50–100 cm; D: 10–12 cm***

14 *Carex pendula*, ***H: 90 cm; D: 30 cm***

15 *Euphorbia amygdaloides robbiae*, ***H: 45–60 cm; D: 60 cm***

16 *Geranium phaeum*, ***H: 75 cm; D: 45 cm***

17 *Geranium malvaeflorum*, ***H: 75 cm; D: 60 cm***

18 *Nectaroscordum siculum*, ***H: 1,2 m; D: 30–45 cm***

Spätfrühlingsplan

aufbrechen und dreifach aufgereihte rote Samen wie Perlen in einem Schmuckkästchen enthüllen. Die Blätter des im Spätfrühling blühenden Aronstabs *Arum italicum* 'Pictum' sind an der Oberseite beige oder weiß panaschiert und tragen im Herbst rote Beeren. Die Nickende Segge *(Carex pendula)* ist eine halbimmergrüne Horstpflanze mit schmalen Blättern und grünlichbraunen Blütenständen im Sommer.

Neben den immergrünen Pflanzen dominieren im Spätwinter und zum Frühlingsbeginn die Schneeglöckchen *(Galanthus nivalis)*. Dicht gesetzt und durch Tochterzwiebeln immer weiter vermehrt, bilden diese ersten Vorboten des Frühlings große blühende Flecken. Um ihre zarten weißen Blüten in voller Pracht hervorbringen zu können, brauchen sie viel Schatten und nährstoffreichen, feuchten Boden. Neben den Schneeglöckchen beginnen auch die Christrosen *(Helleborus orientalis)* früh im Jahr zu blühen. Sie haben hier einen idealen Standort: Schatten und feuchten, aber durchlässigen Boden.

Etwas später im Frühling kommen dann die Hasenglöckchen (*Hyacinthoides non-scripta*, syn. *Scilla non-scripta*) mit ihren glänzenden bandförmigen Blättern und duftenden blauen, rosa oder weißen Blüten. Als Ergänzung dienen einige frühe Narzissen mit eleganten schilfartigen Blättern. *Narcissus poeticus recurvus* z.B. hat duftende weiße Blüten mit gelben oder orangefarbenen Zentren. Weitere Farben bringen *Geranium malviflorum* mit veilchenblauen und *G. phaeum* mit schwarz-purpurnen Blüten ins Spiel.

Zum Herbst hin verändern sich Farbe und Struktur des Gartens stark. Jetzt kommt die Zeit der Astilben (Fiederspieren, Prachtspieren). Diese winterharten, im Spätsommer blühenden Stauden bestechen durch ihre flauschigen Blütenrispen, die auch noch im Winter, wenn sie vertrocknet sind, hübsch wirken. In diesem Graben wurden u.a. die weiße *Astilbe* × *arendsii* 'Irrlicht', die rote *A. japonica* 'Red Sentinel' und *A. rivularis* mit nach außen fallenden weißen Blüten angepflanzt. Die optisch stark wirkende Textur dieser Stauden kontrastiert mit den glatten graublauen Blättern von Farnen und Stauden wie den horstbildenden Funkien. All diese Pflanzen sind winterhart und gedeihen bestens unter den feuchten, schattigen Bedingungen dieses Standorts mit seinem nährstoffreichen, durchlässigen Boden. Zu beiden Seiten des Grabens wurden drei Funkienvarietäten gepflanzt: die blaue *Hosta sieboldiana elegans* mit herzförmigen, tiefgefurchten Blättern, *H.* 'Royal Standard' mit glänzenden, ovalen grünen Blättern und die attraktive panaschierte *H. undulata albomarginata* (syn. *H.* 'Thomas Hogg').

Andere Stauden bringen zusätzliche Farben in den Garten. Der Schwarze Germer *(Veratrum nigrum)* z.B. ist ideal für Waldgärten. Er hat hohe schokoladenbraune Blütenstände und schmale, ovale Blätter. Seine dunkle Farbe kontrastiert mit den weißen Astilben und den kleinen flauschig-weißen Blüten des Christophskrauts (*Actaea alba*, syn. *A. pachypoda*). Diese horstbildende Staude trägt außerdem im Herbst weiße Beeren und hat scharlachrote Stengel, so daß sie auch über die Blütezeit hinaus Farbakzente im Garten

ERKLÄRUNG ***(H = Höhe; D = Durchmesser)***

Im Spätsommer/Frühherbst blühende Pflanzen

19 *Astilbe × arendsii* 'Irrlicht', ***H: 45–60 cm; D: 90 cm***

20 *Astilbe japonica* 'Red Sentinel', ***H: 60 cm; D: 90 cm***

21 *Astilbe × arendsii* 'Snowdrift', ***H: 60 cm; D: 90 cm***

22 *Astilbe × arendsii* 'Deutschland', ***H: 60 cm; D: 90 cm***

23 *Astilbe × arendsii* 'Fanal', ***H: 60 cm; D: 90 cm***

24 *Astilbe rivularis*, ***H: 60 cm; D: 90 cm***

25 *Hosta sieboldiana elegans*, ***H: 90 cm; D: 1,5 m***

26 *Hosta undulata albomarginata*, ***H: 75 cm; D: 90 cm***

27 *Hosta* 'Royal Standard', ***H: 60 cm; D: 1,2 m***

28 *Veratrum nigrum*, ***H: 1,8 m; D: 60 cm***

29 *Filipendula hexapetala* 'Flore Pleno', ***H: 90 cm; D: 45 cm***

30 *Actaea alba*, ***H: 90 cm; D: 50 cm***

Spätsommer-/ Frühherbstplan

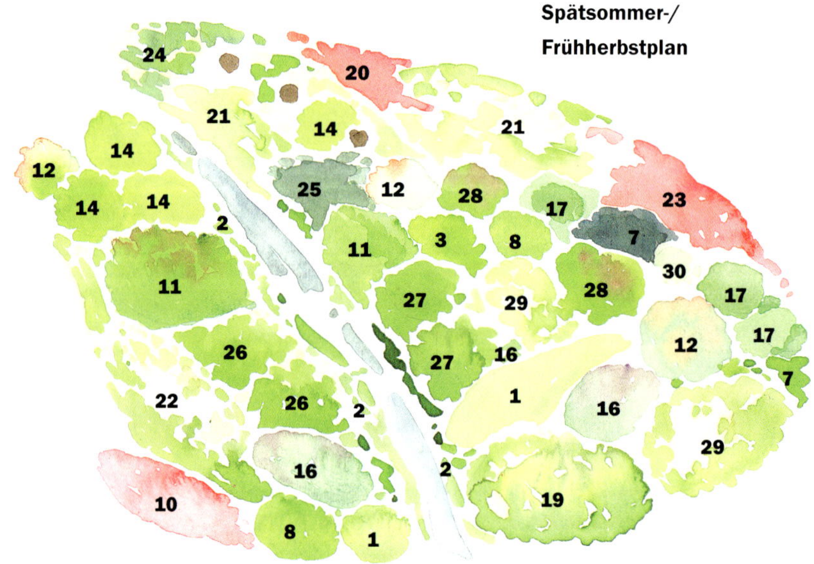

setzt. Das immergrüne Laub von einigen Farnvarietäten, Efeu und *Lysimachia nummularia* wirkt das ganze Jahr über attraktiv. Auch wenn die Blüten von *Iris pseudacorus, I. foetidissima*, *Geranium phaeum* und *G. malviflorum* verwelkt sind, ist ihr Laub noch da, und im Frühjahr kann der Kreislauf neu beginnen. Das Laub der polsterbildenden Staude *Epimedium* × *rubrum* bleibt ebenfalls noch lange, nachdem ihre karminroten Blüten vergangen sind, erhalten.

Spätsommer/Frühherbst (unten) Noch sorgt dichtes Blattwerk für Kontinuität: die schmalen grünen Blätter der Schwertlilien, konzentrische Schichten überlappender Funkienblätter, das plissierte Laub von *Veratrum nigrum*, aus dem braunschwarze Blüten ragen. Die Weiden sind dicht belaubt; Blumen gedeihen daher vorwiegend am Grabenrand, wo mehr Licht auf den Boden fällt. Dort blühen u.a. dichte Bestände flauschiger Astilben in unterschiedlichen Farben. Der Aronstab ist nun blattlos; seine mit roten Beeren besetzen Stengel ragen aus dem Efeu. Auch die orangeroten Samen von *Iris foetidissima* sorgen für lebhafte Farbtupfer.

Spätsommer/Frühherbst

HARMONISCHE VERHÄLTNISSE ERHALTEN

Erfolgreich gärtnern bedeutet nicht nur, wachsam zu sein und die Pflanzen zu düngen, damit sie ihre optimale Größe erreichen, sondern auch, sie zu beschneiden. Letzteres ist eine Kunst.

Zunächst muß man die natürliche Wuchsform der Pflanze betrachten. So sind z.B. Zierquitten *(Chaenomeles)* elegant und verzweigen sich so stilvoll, daß sie als Einzelexemplare minimalistischen Zauber entfalten. Das dichte, wirre Zweigwerk von Forsythien dagegen muß sofort nach der Blüte zurückgeschnitten werden, da Blüten nur am Vorjahresholz entstehen und die Sträucher sonst formlos werden. Beim Beschneiden hat man die Wahl: Entweder zwingt man der Pflanze durch einen Formschnitt den eigenen Willen auf, oder man entfernt nur einzelne Äste und akzentuiert so den natürlichen Wuchs.

Auffällige Auswüchse sollte man entfernen. Wenn ein Strauch ein unausgewogenes Profil aufweist, kann man durch Beschneiden korrigierend eingreifen. Zier-Hartriegel wie *Cornus alba* 'Sibirica' und Weiden wie *Salix alba vitellina* 'Britzensis' kann man alle zwei Jahre im Spätfrühling stark zurückschneiden. Bei panaschierten Pflanzen wie *Buddleja davidii* 'Harlequin' verhindert das Ausschneiden vollständig grüner Zweige den Verlust der Panaschierung. Auslichten gibt einem Strauch mehr Licht und Luft und ermöglicht ihm damit ein gesünderes Wachstum. Altes, beschädigtes Holz sollte man entfernen, damit die Pflanze nicht weiter abstirbt.

Manche Sträucher werden mit zunehmendem Alter kopflastig und nehmen eine baumartige Wuchsform an. Wenn man sie bis aufs alte Holz zurückschneidet, sterben sie ab; durch Beschneiden der Zweige im Frühjahr kann man jedoch ein zu ungeordnetes Wachstum vermeiden. Besenginster *(Cytisus)* sollte man gegebenenfalls jedes Jahr beschneiden, damit er seinen kompakten Wuchs behält, und Sträucher wie Sommerflieder werden zu groß für den Garten, wenn man sie nicht jährlich zurückschneidet.

Einen Strauch oder Baum zum Blühen oder Fruchten anzuregen ist ein Hauptgrund für das Beschneiden. Winterharte Fuchsien, Bleiwurz *(Ceratostigma)*, *Perovskia*, *Lavatera* oder *Clematis*

Oben

***Kniphofia* 'Sunningdale Yellow' und *Penstemon* 'Pennington Gem' blühen einmal, *Anthemis tinctoria* 'E. C. Buxton' nach dem Schnitt erneut.**

S.151: Oben links

***Artemisia* sollte man nach der Blüte ausputzen, *Rosa* 'Aloha' jährlich beschneiden.**

Oben Mitte

Stauden muß man im Herbst oder Frühjahr zurückschneiden und alle zwei, drei Jahre teilen.

Oben rechts

***Macleaya cordata*, hier hinter *Phlox paniculata* 'Starfire', wird im Herbst ausgeputzt.**

Unten

Das sommerliche Bild mit Rosen, Pfingstrosen und Nelken wurde im Frühling sorgfältig vorbereitet.

'Jackmanii Superba' blühen immer an den neuen Trieben und sollten daher im Frühling desselben Jahres stark zurückgeschnitten werden. Sträucher wie Forsythien, Deutzien, Kolkwitzien und einige der großblütigen Clematishybriden blühen am Holz des Vorjahres oder dem noch älterer Jahrgänge. Bei ihnen sollte man einige Zweige ausschneiden, um neuen Austrieb aus dem Wurzelstock anzuregen.

Rosen schneidet man auf unterschiedliche Art. Teehybriden oder großblütige Buschrosen mit ihren perfekten Einzelblüten zeigen eine steife vertikale Wuchsform: Man kann sie leicht kugelig schneiden, indem man die Zweige 60–90 cm bis zu einer nach außen weisenden Knospe zurückschneidet. So kann die Luft gut durch den Strauch zirkulieren. Anders ist es bei alten Strauchrosen, die vielfach sehr hoch und von lockerem Wuchs sind. Da aus ihren Blüten hübsche Hagebutten werden, sollte man sie nur ein wenig ausdünnen und abgestorbenes Holz ausschneiden. Alte Rosensorten wie *Rosa moyesii*, *R. glauca*, Alba-, Damaszener-, Bourbon- und Heckenrosen haben ihren eigenen Charakter, bei dem Laub, Wuchs, Duft und Früchte ebenso eine Rolle spielen wie die Blüten. Man sollte diese alten Rosen nur wenig zurückschneiden. Bei modernen Gartenrosenzüchtungen wurde oft mehr Wert auf eine lange Blütezeit gelegt. Bei remontierenden (immer wieder neue Blüten treibenden) Sorten empfiehlt es sich, die welken Blüten abzuschneiden, um neue Blütenbildung anzuregen.

Kompakte Zierstäucher wie Seidelbast, Zistrosen, Orangenblumen *(Choisya)* und Myrte muß man regelrecht ausputzen. Darüber hinaus sollte man immer wieder konkurrierendes Unkraut entfernen und auf Streßanzeichen achten.

Projekt: Ein Dreijahresplan Bei dieser hübschen Rabatte hat man sich auf warme Farben beschränkt. Für einen üppigen Sommergarten wurden Stauden mit Sträuchern kombiniert. Zu den ausdauernden Sträuchern gehören *Cornus alba* 'Spaethii' sowie zwei besonders gut passende Rosenbüsche: die Wildrose *Rosa moyesii* 'Geranium' und die Chinarose *R.* 'Chinatown'. Die Grundlage des Beetes sind krautige Stauden, die allerdings etwa drei Jahre brauchen, bis sie ihre volle Größe erreicht haben. In der Zwischenzeit sorgen einjährige Pflanzen und nicht-winterharte Stauden für Blütenfülle.

Mit roten Blüten erzielt man eine »heiße« Sommerwirkung. Zarte Löwenmäulchen, Pelargonien (»Geranien«), Lobelien und Bartfaden wurden unter diesem Gesichtspunkt ausgewählt. Der Gartenfuchsschwanz (*Amaranthus caudatus* 'Peeping Tom') hat samtige rote Blütenschwänze, die aus hellgrünem Laub ragen. Vertikale Höhenakzente setzt purpurbelaubtes Blumenrohr *(Canna)* mit kardinalroten Blüten. Cannas sind zwar prinzipiell mehrjährig, müssen aber hierzulande im Haus überwintert werden. Als Gegenstücke zum Cannalaub wurden einige Exemplare Roten Bergspinats *(Atriplex hortensis rubra)* gepflanzt. Die Rizinusstaude *(Ricinus communis)* bringt mit ihren auffälligen Blättern einen Hauch Exotik in den Garten. Hübsch wirkt auch Rote Bete *(Beta vulgaris cicla)* mit roten Blattstengeln und großen grünen Blattspreiten. Zur Verlängerung der Blühsaison dienen Dahlien wie *Dahlia* 'Bishop of Llandaff', die gut mit den flaschenförmigen Hagebutten der Rosen harmonieren.

ERKLÄRUNG

(H = Höhe; D = Durchmesser)

1 *Rosa moyesii* 'Geranium', ***H: 3 m; D: 2,5 m***

2 *Rudbeckia lacinata*, ***H: 1,8–2,2 m; D: 60–90 cm***

3 *Rosa* 'Chinatown', ***H: 3 m; D: 2,5 m***

4 *Atriplex hortensis rubra*, ***H: 1,2 m; D: 30 cm***

5 *Crocosmia* 'Lucifer', ***H: 90 cm; D: 20–25 cm***

6 *Crocosmia masoniorum*, ***H: 1,5 m; D: 30–45 cm***

7 *Coreopsis verticillata* 'Moonbeam', ***H: 40–60 cm; D: 30 cm***

8 *Solidago* 'Crown of Rays', ***H: 75 cm; D: 45 cm***

9 *Achillea filipendulina* 'Gold Plate', ***H: 1,2 m; D: 60 cm***

10 *Helenium* 'Butterpat', ***H: 90 cm; D: 60 cm***

11 *Helenium* 'Moerheim Beauty', ***H: 90 cm; D: 60 cm***

12 *Cornus alba* 'Spaethii', ***H: 2,2 m; D: 1,8 m***

13 *Amaranthus caudatus*, ***H: 1,2 m; D: 45 cm***

14 *Canna × generalis*, ***H: 1,2 m; D: 45–60 cm***

15 *Dahlia* 'Bishop of Llandaff', ***H und D: 90 cm***

16 *Dahlia* 'Blaisdon Red', ***H und D: 90 cm***

17 *Lobelia cardinalis*, ***H: 90 cm; D: 23 cm***

18 *Penstemon* 'Garnet', ***H: 60–75 cm; D: 60 cm***

19 *Antirrhinum* (rot), ***H: 60–75 cm; D: 45 cm***

20 *Ricinus communis*, ***H: 1,5 m; D: 90 cm***

21 *Beta vulgaris cicla*, ***H: 60 cm; D: 45 cm***

22 *Pelargonium × hortorum*, ***H: 60 cm; D: 45 cm***

23 *Pelargonium* 'Madame Butterfly', ***H: 60–75 cm; D: 45 cm***

24 *Antirrhinum* 'Black Prince', ***H: 60–75 cm; D: 45 cm***

25 *Lobelia* 'Queen Victoria', ***H: 90 cm; D: 30 cm***

26 *Penstemon* 'Firebird', ***H: 60–75 cm; D: 60 cm***

27 *Petunia × hybrida* (rot), ***H: 15–30 cm; D: 30 cm***

Erster Sommer (unten) Im ersten Sommer sind die ausdauernden Sträucher und Stauden noch nicht voll entwickelt. Daher wurden bunte Einjährige und auch einige Stauden dazwischengepflanzt, die die Lücken vorerst füllen. Das Farbschema in Rot, Gelb und Orange kommt jedoch bereits zur Geltung.

Erster Sommer

Zweiter Sommer (rechts) Im zweiten Sommer haben sich viele Stauden schon gut entwickelt. Das kleine Schöngesicht *Coreopsis verticillata* 'Moonbeam' am Rand des Beetes ist gewachsen, die Goldrute *Solidago* 'Crown of Rays' breitet sich aus, die Montbretien *(Crocosmia)* sind massiger geworden, und auch *Helenium* 'Butterpat' und *H.* 'Moerheim Beauty' beginnen sich auszubreiten. Der einjährige Rote Bergspinat *(Atriplex hortensis rubra)* hat sich selbst ausgesät. Die Sträucher haben Fuß gefaßt, aber noch braucht man Stauden, um den Boden zwischen ihnen zu bedecken. Lobelien, Blumenrohr, Rizinus und Gartenfuchsschwanz fallen nicht mehr so stark ins Auge, da nun die Hauptpflanzen die Rabatte zu prägen beginnen. Rote Petunien, Bartfaden und Geranien wurden auch in diesem Jahr zwischengepflanzt.

Dritter Sommer (oben) Die Sträucher erreichen allmählich ihre endgültige Größe. Ausdauernde Stauden haben das Beet weitgehend gefüllt und dominieren das Bild; alle Lücken sind nun geschlossen. Hohe Montbretien *(Crocosmia)* und Sonnenbräute *(Helenium)* bilden natürliche Horste. Die Schafgarbe *Achillea filipendulina* 'Gold Plate' zieht sich mit ihren gelben Blütendolden quer durch das Beet. Als Farbtupfer für die Spätsaison wurden wieder Dahlien gepflanzt, aber nun füllen Stauden das Beet aus.

Projekt: Ein Fünfjahresplan Da Pflanzen im Gegensatz zu anderen Lebewesen an einen Standort gebunden sind, muß man ihnen genügend Raum zum Wachsen und Entfalten geben. In kleinen Gärten engt dies die Wahl der Pflanzen ein; häufig werden sie dann einfach dicht an dicht »gestopft«, damit der Boden überall bedeckt ist. Ein durchdachtes Pflanzschema dagegen sollte der Ausbreitung der Pflanzen im Lauf der Zeit Rechnung tragen. Dafür muß man wissen, wie hoch und breit sie werden, und die jungen Pflanzen dann im richtigen Abstand setzen. Das ist nicht immer einfach, denn schließlich möchte man schnell eine »vollständige« Rabatte mit möglichst wenig kahler Erde haben, auf der sich Unkraut ansiedeln kann. Dennoch sollte man sich nicht verleiten lassen, nur auf sofortige Wirkung abzuzielen und dabei zu vergessen, wieviel Platz eine Pflanze braucht.

Erstes Jahr

Drittes Jahr (unten) Im dritten Sommer beginnen die Sträucher das Beet auszufüllen. Vor allem die beiden Koniferen treten nun stärker hervor. Der *Acer davidii* beginnt eine stark ausladende Krone zu bilden und beeinträchtigt die anderen Pflanzen, wenn er nicht zurückgeschnitten wird. Unter den Sträuchern breiten sich krautige Stauden aus. Die panaschierte *Euphorbia characias wulfenii* entwickelt sich zu einem großen »Hügel«, die Salbeimatten (*Salvia-officinalis*-Purpurascens-Gruppe), das blühende *Osteospermum* 'Silver Sparkler' und das duftende *Sedum populifolium* werden nach und nach den Beetrand füllen.

Erstes Jahr (oben) Im »Gerüst« der immergrünen und laubabwerfenden Sträucher wurde eine Reihe von Stauden gesetzt, die für Farbe sorgen sollen, bis die Hauptpflanzen sich etabliert haben. Nach den ersten zwölf Monaten haben die Stauden Fuß gefaßt, u.a. der Fingerhut *(Digitalis grandiflora)*. Die schmale vertikale *Kniphofia* 'Percy's Pride' fällt mit ihren grün angehauchten gelben Blütenkolben ins Auge, auch die Taglilie *Hemerocallis* 'Whichford' und die fiederigen Rispen des Federmohns *(Macleaya cordata)* ziehen den Blick auf sich. Das betont aufrechte Muster wird mit niedrigeren Pflanzen mit grasartigen Blättern aufgegriffen, u.a. *Liriope muscari*, einer wuchernden Staude mit lavendel- oder purpurfarbenen Glockenblüten und glänzenden bandförmigen Blättern. *Iris foetidissima* und *Elymus hispidus* mit seinen eleganten stahlblauen Blättern dienen ebenfalls als Blickfang. Der rosafarbene Storchschnabel *Geranium pratense* 'Mrs. Kendall Clark' und die veilchenblaue *Aster thomsonii* 'Nanus' werden mit den Jahren noch stärker zur Geltung kommen.

Drittes Jahr

Bei dieser Mischpflanzung an einem sonnigen Standort wurden Abstand und Höhe der Sträucher im Verhältnis zu den Stauden durchdacht. Im Hintergrund bilden immergrüne Sträucher einen Rahmen: panaschierte Stechpalme (*Ilex aquifolium* 'Aureomarginata'), Kirschlorbeer *(Prunus laurocerasus)* mit glänzenden Blättern und duftende *Sarcococca confusa*. Schlanke säulenförmige Eiben (*Taxus baccata* 'Fastigiata') begrenzen die Rabatte an beiden Enden, nehmen sie gleichsam in die Mitte. Einige Laubsträucher (u.a. der bronzefarben-rosa Perückenstrauch *Cotinus obovatus* mit leuchtender Herbstfärbung), *Rosa glauca* (syn. *R. rubrifolia*) mit ihrem purpur-grauen Laub, der rotstengelige Hartriegel (*Cornus alba* 'Elegantissima') und die silberne *Brachyglottis compacta* 'Sunshine' mit gelben Köpfchenblüten im Sommer bringen farbenprächtiges Laub ins Spiel.

ERKLÄRUNG ***(H = Höhe; D = Durchmesser)***

1 *Escallonia* 'Iveyi', ***H und D: 3 m***
2 *Cotinus obovatus*, ***H: 10 m; D: 8 m***
3 *Ilex aquifolium* 'Aureomarginata', ***H: 14 m; D: 5 m***
4 *Prunus laurocerasus* 'Castlewellan', ***H: 6 m; D: 10 m***
5 *Acer davidii*, ***H und D: 15 m***
6 *Taxus baccata* 'Fastigiata', ***H: 10–15 m; D: 5–10 m***
7 *Comus alba* 'Elegantissima', ***H und D: 1,5 m***
8 *Rosa glauca*, ***H: 1,8 m; D: 1,5 m***
9 *Sarcococca confusa*, ***H und D: 90 cm***
10 *Digitalis grandiflora*, ***H: 75 cm; D: 30 cm***
11 *Viola cornuta*, ***H: 12–20 cm; D: 20 cm***
12 *Elymus hispidus*, ***H: 90 cm; D: 60 cm***
13 *Hosta* 'Halcyon', ***H: 30 cm; D: 90 cm***
14 *Macleaya cordata*, ***H: 1,5 m; D: 60 cm***
15 *Euphorbia characias wulfenii* 'Burrow Silver', ***H und D: 1,2 m***
16 *Osteospermum* 'Silver Sparkler', ***H: 30 cm; D: 45 cm***
17 *Salvia-officinalis*-Purpurascens-Gruppe, ***H: 60 cm; D: 90 cm***
18 *Kniphofia* 'Percy's Pride', ***H: 90 cm; D: 50 cm***
19 *Artemisia absinthium* 'Lambrook Silver', ***H: 80 cm; D: 50 cm***
20 *Brachyglottis compacta* 'Sunshine', ***H: 90 cm; D: 1,5 m***
21 *Salvia verticillata* 'Alba', ***H: 60 cm; D: 90 cm***
22 *Hemerocallis* 'Whichford', ***H: 75 cm; D: 90 cm***
23 *Aster thomsonii* 'Nanus', ***H: 45 cm; D: 23 cm***
24 *Liriope muscari*, ***H: 30 cm; D: 45 cm***
25 *Artemisia-lactiflora*-Guizhou-Gruppe, ***H: 1,2–1,5 m; D: 50 cm***
26 *Euphorbia dulcis* 'Chameleon', ***H und D: 1,2 m***
27 *Sedum populifolium*, ***H: 30–45 cm; D: 30 cm***
28 *Euonymus fortunei* 'Emerald Gaiety', ***H: 90 cm; D: 1,5 m***
29 *Iris foetidissima*, ***H: 30–90 cm; D: unbestimmt***
30 *Geranium pratense* 'Mrs. Kendall Clark', ***H: 75 cm; D: 60 cm***

Fünftes Jahr (oben) Nach fünf Jahren ist das Beet üppig bewachsen und »ausgereift«. Die Eibe links ist gut mannshoch, die andere etwas niedriger, doch auch sie entwickelt sich gut. Die Sträucher überwuchern allmählich die Stauden, der Federmohn *(Macleaya cordata)* dagegen breitet sich sehr schnell aus, wenn man nicht eingreift. Es ist nun Zeit, das Beet zu durchforsten, es auszudünnen und auf manches zu verzichten. Viele Stauden, die in den ersten fünf Jahren gute Dienste taten, sollte man nun umpflanzen oder zumindest teilen.

REGISTER DER PFLANZENNAMEN

Kursive Seitenzahlen beziehen sich auf Bildlegenden.

BILDNACHWEIS

Clive Nichols dankt den Gestaltern, Gartenbesitzern und Organisationen für die Erlaubnis, in ihren Gärten zu fotografieren.
ERKLÄRUNG: **o** = oben **u** = unten **l** = links **m** = Mitte **r** = rechts *E* = Entwurf

S.1 *E.* Piet und Anja Oudolf, Hummelo, Holland S.2–3 Bosvigo House, Truro, Cornwall *E.* Michael und Wendy Perry S.4–5 o.l. Little Court, Crawley, Hants o.m. Coton Manor Gardens, Ravensthorpe, Northants o.r. Barnsley House, Barnsley, Glos m.l. The White House, Burpham, Sussex *E.* Elisabeth Woodhouse m.r. *E.* Piet und Anja Oudolf, Hummelo, Holland u.l. Eastgrove Cottage Garden and Nursery, Sankyns Green, Worcs u.m. *E.* Keeyla Meadows, San Francisco u.r. Greystone Cottage, Kingwood Common, Oxon S.6 Redenham Park, Hants *E.* Olivia Clarke S.7 Hadspen House Garden and Nursery, Somerset *E.* Sandra und Nori Pope S.8 l. Bosvigo House, Truro, Cornwall *E.* Michael und Wendy Perry S.8–9 La Casella, Frankreich *E.* Claus Scheinert S.9 r. Redenham Park, Hants *E.* Olivia Clarke S.10 The Anchorage, Kent *E.* Wendy Francis S.11 o. The Old Rectory, Sudborough, Northants u. Greenhurst Garden, Sussex *E.* Gilly Hopton S.12 kleines Bild Pro Carton Garden, Chelsea 1996 *E.* Julie Toll S.12–13 Benington Lordship, Herts S.13 r. The Savill Garden, Surrey S.14 Tuinen Ton Ter Linden, Ruinen, Holland S.15 l. *E.* Piet und Anja Oudolf, Hummelo, Holland o. *E.* Piet und Anja Oudolf, Hummelo, Holland S.16 o. Feibusch Garden, San Francisco u. *E.* Sarah Hammond, Kalifornien S.17 *E.* Gordon White, Austin, Texas S.18–19 The White House, Burpham, Sussex *E.* Elisabeth Woodhouse S.20 Bourton House, Glos S.21 Manoir Aux Quat' Saisons, Oxon S.22 l. Barnsley House, Barnsley, Glos r. The White House, Burpham, Sussex *E.* Elisabeth Woodhouse S.23 l. Coton Manor Gardens, Ravensthorpe, Northants r. White Windows, Longparish, Hants S.24 l. *E.* Gordon White, Austin, Texas r. Huntington Botanical Gardens, Los Angeles S.25 l. Ashtree Cottage, Wilts r. Strybing Arboretum, San Francisco S.26 o. *E.* Piet und Anja Oudolf, Hummelo, Holland u. Huntington Botanical Gardens, Los Angeles S.27 o. *E.* Piet und Anja Oudolf, Hummelo, Holland u. Tuinen Ton Ter Linden, Ruinen, Holland S.28 The Old Vicarage, East Ruston, Norfolk *E.* Graham Robeson und Alan Gray S.29 o. The Beth Chatto Gardens, Elmstead Market, Essex m. Wollerton Old Hall, Shropshire u. Butterstream, Trim, County Meath, Irland S.30 l. The White House, Burpham, Sussex *E.* Elisabeth Woodhouse m. La Casella, Frankreich *E.* Claus Scheinert r. Mottisfont Abbey, Hants S.31 l. Bosvigo House, Truro, Cornwall *E.* Michael und Wendy Perry r. Wollerton Old Hall, Shropshire S.32 l. Lakemount, Glanmire, County Cork, Irland *E.* Brian Cross r. Meadow House, Wolverton Common, Berks S.33 l. Barnsley House, Glos r. Wollerton Old Hall, Shropshire S.34 l. 40, Osler Road, Oxon m. Ashtree Cottage, Wilts r. 40, Osler Road, Oxon S.35 l. Barnsley House, Glos r. Privatgarten Mr. Fraser, West Sussex *E.* Julian Treyer-Evans S.36 o. Tuinen Ton Ter Linden, Ruinen, Holland u. Wollerton Old Hall, Shropshire S.37 o. Huntington Botanical Garden, Los Angeles m. Jardin Canario, Gran Canaria, Kanarische Inseln u. *E.* Roger Raiche, San Francisco, Kalifornien S.38 o. Sticky Wicket, Dorset *E.* Peter und Pam Lewis u. *E.* Sarah Hammond, Kalifornien S.39 o. *E.* Sarah Hammond, Kalifornien u. Huntington Botanical Garden, Los Angeles S.41 *E.* Sarah Hammond, Kalifornien S.42 The White House, Burpham, Sussex *E.* Elisabeth Woodhouse S.43 Bourton House, Oxon S.44 o. *E.* Sue Berger, Bristol, Avon m. *E.* Malley Terry u. Tuinen Ton Ter Linden, Ruinen, Holland S.45 o. Chelsea 1994 *E.* Lucy Huntington u. Butterstream, Trim, County Meath, Irland S.46 l. Exbury Gardens, Hants r.o. Ivy Cottage, Dorset u.r. North Springs, Fittleworth, West Sussex S.47 o. Wollerton Old Hall, Shropshire m. Hexham Herbs, Northumberland u. Longacre, Kent S.48 ganz l. *E.* Roger Raiche, San Francisco m.l. Strybing Arboretum, San Francisco m.r. Huntington Botanical Garden, Los Angeles ganz r. Butterstream, Trim, County Meath, Irland S.49 ganz l. Eastgrove Cottage Garden, Sankyns Green, Worcs *E.* Carol und Malcolm Skinner m.l. Strybing Arboretum, San Francisco m.r. Eastgrove Cottage Garden, Sankyns Green, Worcs *E.* Malcolm und Carol Skinner ganz r. *E.* James David, Texas S.51 m.l. East Lambrook Manor, Somerset u. Huntington Botanical Garden, Los Angeles o.m. *E.* Myles Challis, London o.r. Feibusch Garden, San Francisco u.r. Copton Ash, Kent S.52 l. *E.* James David, Austin Texas m. Mottisfont Abbey, Hants r. The Priory, Kemerton, Worcs S.53 l. *E.* Dan Pearson m. *E.* Mark Brown, Normandie, Frankreich r. The Beth Chatto Gardens, Elmstead Market, Essex S.54 o. Royal Horticultural Society's Garden, Surrey m. Bourton House Garden, Glos u. *E.* Roger Platts S.55 Hadspen House Garden and Nursery, Somerset *E.* Sandra und Nori Pope S.56 o.l. Wollerton Old Hall, Shropshire o.r. Lower Hall, Worfield, Shropshire u. *E.* Piet und Anja Oudolf, Hummelo, Holland S.58 l. Lower Hall, Worfield, Shropshire r. *E.* Suzanne Porter, San Francisco S.59 o. Eastgrove Cottage Garden and Nursery, Sankyns Green, Worcs *E.* Malcolm und Carol Skinner u. Wollerton Old Hall, Shropshire S.60 o. Longacre, Kent m. Coates Manor, Sussex u. University Botanic Garden, Cambridge, Camb S.61 o. The White House, Burpham, Sussex *E.* Elisabeth Woodhouse u. The Dillon Garden, Dublin, Irland S.62 l. Privatgarten Mr. Fraser, West Sussex *E.* Julian Treyer-Evans m. Copton Ash, Kent r. Privatgarten Mr. Fraser, West Sussex *E.* Julian Treyer-Evans S.63 l. Privatgarten Mr. Fraser, West Sussex *E.* Julian Treyer-Evans m. Hadspen House Garden and Nursery, Somerset *E.* Sandra und Nori Pope r. Coton Manor Gardens, Ravensthorpe, Northants S.65 The Old Vicarage, East Ruston, Norfolk *E.* Graham Robeson und Alan Gray S.66 The Dillon Garden, Dublin, Irland S.67 The Dillon Garden, Dublin, Irland S.68 l. The White House, Burpham, Sussex *E.* Elisabeth Woodhouse m. Chenies Manor Garden, Bucks r. Feibusch Garden, San Francisco S.69 Little Coopers, Eversley, Hants S.70 o. White Windows, Longparish, Hants u. Leonardslee Gardens, Handcross, Sussex S.71 l. The Old Rectory, Tidmarsh, Berks r. *E.* Sheila Jackson, London S.72 o. *E.* Piet und Anja Oudolf, Hummelo, Holland u. *E.* Piet und Anja Oudolf, Hummelo, Holland S.73 o.l. Coton Manor Gardens, Ravensthorpe, Northants o.r. Coton Manor Gardens, Ravensthorpe, Northants u.l. Chenies Manor Garden, Bucks u.r. Bosvigo House, Truro, Cornwall *E.* Wendy und Michael Perry S.74 Herterton House Garden, Cambo, Morpeth, Northumberland S.75 l. Bosvigo House, Truro, Cornwall *E.* Wendy und Michael Perry r. The Priory, Kemerton, Worcs S.76 o. *E.* Piet und Anja Oudolf, Hummelo, Holland m. Sleightholme Dale Lodge, Fadmoor, North Yorkshire u. *E.* Piet und Anja Oudolf, Hummelo, Holland S.77 o.l. Little Coopers, Eversley, Hants r. Eastgrove Cottage Garden and Nursery, Sankyns Green, Worcs u. Bourton House, Oxon S.78 o. Coates Manor, Sussex u. Tuinen Ton Ter Linden, Ruinen, Holland S.79 l. The White House, Burpham, Sussex *E.* Elisabeth Woodhouse m. The Dillon Garden, Dublin, Irland r. Barnsley House, Glos S.80 Wollerton Old Hall, Shropshire S.81 o.l. The Telegraph Garden, Chelsea 1995 *E.* Arabella Lennox-Boyd o.r. Chenies Manor Garden, Bucks u.l. Chenies Manor Garden, Bucks S.81 u.r. *E.* Olivia Clarke S.82 Chenies Manor Garden, Bucks S.85 o.l. Wollerton Old Hall, Shropshire u.l. Tuinen Ton Ter Linden, Ruinen, Holland o.r. Meadow House, Wolverton Common, Berks m.r. The Beth Chatto Gardens, Elmstead Market, Essex u.r. Herterton House Garden, Cambo, Morpeth, Northumberland S.86 o.r. Wollerton Old Hall, Shropshire o.m. Little Coopers, Eversley, Hants o.r. Strybing Arboretum, San Francisco m.l. The Priory, Kemerton, Worcs m.m. Chenies Manor Garden, Bucks m.r. Wollerton Old Hall, Shropshire u.l. Lakemount, Glanmire, County Cork, Irland u.m. Hadspen House Garden and Nursery, Somerset *E.* Sandra und Nori Pope u.r. The Dillon Garden, Dublin, Irland S.88 Feibusch Garden, San Francisco S.89 o.l. Wollerton Old Hall, Shropshire o.r. Coton Manor Gardens, Ravensthorpe, Northants u.l. Coton Manor Gardens, Ravensthorpe, Northants u.r. The Dillon Garden, Dublin, Irland S.91 Coton Manor Gardens, Ravensthorpe, Northants S.93 Coton Manor Gardens, Ravensthorpe, Northants S.94 l. Bosvigo House, Truro, Cornwall *E.* Michael und Wendy Perry m. The Priory, Kemerton, Worcs r. The Castle Grounds, Guildford, Surrey S.95 l. Bosvigo House, Truro, Cornwall *E.* Michael und Wendy Perry m. Chenies Manor Garden, Bucks r. Royal Horticultural Society's Garden, Surrey S.96 o. Ashtree Cottage, Wilts m. La Casella, Frankreich. *E.* Claus Scheinert u. Eastgrove Cottage Garden, Sankyns Green, Worcs *E.* Malcolm und Carol Skinner S.97 o. Meadow House, Wolverton Common, Berks u. Wollerton Old Hall, Shropshire S.98 o. The Anchorage, Kent u. Ashtree Cottage, Wilts S.99 l. Eastgrove Cottage Garden, Sankyns Green, Worcs *E.* Malcolm und Carol Skinner r. The Anchorage, Kent S.101 o.l. Bourton House, Glos o.m. Butterstream, Trim, County Meath, Irland o.r. The Beth Chatto Gardens, Elmstead Market, Essex m.l. *E.* Lucy Huntington m.m. Chenies Manor Garden, Bucks m.r. *E.* Piet und Anja Oudolf, Hummelo, Holland u.l. Chenies Manor Garden, Bucks u.m. Wollerton Old Hall, Shropshire u.r. Country Living Garden, Chelsea 1995 *E.* Rupert Golby S.102 l. *E.* Piet und Anja Oudolf, Hummelo, Holland m. *E.* Sue Berger, Bristol, Avon r. *E.* Piet und Anja Oudolf, Hummelo, Holland S.103 l. The Old Vicarage, East Ruston, Norfolk *E.* Alan Gray und Graham Robeson m. The White House, Burpham, Sussex *E.* Elisabeth Woodhouse r. Country Living Garden, Chelsea 1995 *E.* Rupert Golby S.104 o.l. *E.* Keeyla Meadows, San Francisco o.r. *E.* Keeyla Meadows, San Francisco u. The Castle Grounds, Guildford, Surrey S.105 Little Coopers, Eversley, Hants S.106 o. The Sir Harold Hillier Gardens and Arboretum, Hants m.o. Lower House Farm, Gwent, Wales m. darunter The Picton Garden, Colwall, Worcs u. Eastgrove Cottage Garden, Sankyns Green, Worcs S.107 The Harcourt Arboretum, Nuneham Courtenay, Oxon S.108 o. University Botanic Garden, Cambridge, Camb u. The Old Vicarage, East Ruston, Norfolk S.109 o. The Dingle, Welshpool, Wales u. Hodsock Priory, Notts S.112 Butterstream, Trim, County Meath, Irland S.113 Strybing Arboretum, San Francisco S.114 The Beth Chatto Gardens, Elmstead Market, Essex S.115 o.l. Coton Manor, Ravensthorpe, Northants r. The Beth Chatto Gardens, Elmstead Market, Essex u. Leonardslee, Sussex S.116 o. La Mortola, Ventimiglia, Italien u. The Beth Chatto Gardens, Elmstead Market, Essex S.116–117 Strybing Arboretum, San Francisco S.117 r. La Mortola, Ventimiglia, Italien S.119 *E.* Dan Pearson S.120 l. Dartington Hall, Devon kleines Bild Benington Lordship, Herts S.120–121 North Springs, Sussex *E.* Anne Waring S.121 r. Greystone Cottage, Oxon S.122 o. Strybing Arboretum, San Francisco l. The Wildflower Centre, Austin, Texas S.123 Cerney House, Glos kleines Bild Strybing Arboretum, San Francisco S.124 l. Ashtree Cottage, Wilts S.124–125 Little Coopers, Eversley, Hants S.125 o. Coton Manor Gardens, Ravensthorpe, Northants u. Little Coopers, Eversley, Hants S.126 l. Overbecks, Devon S.126 r. *E.* James David, Austin, Texas S.128 l. Coton Manor Gardens, Ravensthorpe, Northants r. Chiffchaffs, Bourton, Dorset S.128–129 Leonardslee, Sussex S.129 r. Duckyls, Sharpthorne, West Sussex S.130 Mottisfont Abbey, Hants kleines Bild Butterstream, Trim, County Meath, Irland S.131 l. Little Court, Crawley, Hants r. Little Court, Crawley, Hants S.132 Huntington Botanical Garden, Los Angeles S.133 Eastgrove Cottage Garden and Nursery, Sankyns Green, Worcs. *E.* Malcolm und Carol Skinner S.134 o. The Priory, Kemerton, Worcs u. Coates Manor, Sussex S.135 o. White Windows, Longparish, Hants u. York Gate, Leeds, Yorkshire S.136 Ashtree Cottage, Wilts S.137 o.l. Eastgrove Cottage Garden und Nursery, Sankyns Green, Worcs o.r. Eastgrove Cottage Garden und Nursery, Sankyns Green, Worcs u. White Windows, Longparish, Hants S.138 Bosvigo House, Truro, Cornwall *E.* Michael und Wendy Perry S.139 o. Coton Manor Gardens, Ravensthorpe, Northants u. Chenies Manor, Bucks S.141 Eastgrove Cottage Garden and Nursery, Sankyns Green, Worcs *E.* Malcolm und Carol Skinner S.142 o. Barnsley House, Glos S.142 u. *E.* Pam Schwert und Sibylle Kreutzberger, Glos S.143 *E.* Pam Schwert und Sibylle Kreutzberger, Glos S.144 o.l. Lower House Farm, Gwent, Wales S.144 m. Chenies Manor, Bucks r. Eastgrove Cottage Garden and Nursery, Sankyns Green, Worcs *E.* Malcolm und Carol Skinner S.145 The Old Rectory, Burghfield, Berks kleines Bild The Old Rectory, Burghfield, Berks S.146 o. East Lambrook Manor, Somerset u. East Lambrook Manor, Somerset S.150 Eastgrove Cottage Garden and Nursery, Sankyns Green, Worcs *E.* Malcolm und Carol Skinner S.151 o.l. Wollerton Old Hall, Shropshire m. Wollerton Old Hall, Shropshire r. Vale End, Surrey u. Wollerton Old Hall, Shropshire S.153 The Priory, Kemerton, Worcs S.155 White Windows, Longparish, Hants